恽代英
对早期马克思主义中国化的理论贡献

曾银慧 / 著

序

"十月革命一声炮响,给我们送来了马克思列宁主义。"马克思主义在中国传播、运用与发展整整一百年了。这一百年,跨越了两个世纪,世界、中国都发生了翻天覆地的巨变。马克思主义在中国掀起的共产主义洪涛巨浪,彻底地改变了中国的命运,使落后的中国跃进到亚洲之中国,再跃进到世界之中国。

这一百年,马克思主义本身也发生了深刻的嬗变与革命。来自先进西欧的科学宇宙观与方法论在古老的东方落地生根,经过伟大的文化重构,产生了东方的马克思主义,即具有中国特色的马克思主义理论。马克思主义中国化(简称"中国化")理论体系的建立经历过非常复杂而又伟大的历史维度,马克思主义在中国早期传播是"中国化"的第一个维度,掀开了中国共产主义运动与中国共产党创立的大幕。

先进的中国人选择马克思主义不是偶然的,这固然是因为马克思主义是劳动大众认识世界、改造世界的真理,更是近代中国救亡运动的客观需要。自鸦片战争以来,争取民族独立与国家现代化就成了时代的主旋律,一批又一批的先进中国人从西方的思想库中,寻求救国救民的思想武器,然而西方的"德先生"、自由主义、社会进化论、互助论，以及民主共和、联邦自治等各种政治思想与政治模式都没能改变中国半殖民地半封建的社会性质。十月革命，开辟了无产阶级革命的新时代，先进的中国人毅然选择了马克思主义，选择了社会主义道路，从此中国革命就由被动转为主动，开创了无产阶级领导的新民主义革命新纪元。

非常幸运，在十月革命的召唤下，中国第一代共产主义者一开始就从各种社会主义思潮中，锁定了马克思主义，确定了共产主义信仰，坚持了社会主义道路。

非常幸运，在马克思主义的旗帜下，中国第一代共产主义者从马克思主义传播的第一天起，就领悟了马克思主义的精义，强调马克思主义必须围绕国情。瞿秋白指出："应用马克思主义于中国国情的工作，断不可一日或缓"，"革命的理论永不能和革命的实践相离"。尽管第一代共产主义者将马克思主义与中国社会与革命实际的最初结合很幼稚，甚至还有严重失误，但强调理论联系实际的方向是明确的。正是有了实事求是的初心，在五四—大革命时期，才产生了"中国化"第一个理论成果——新民主主义理论体系的基本思想，给"中国化"开了一个好头。

新民主主义理论体系的基本思想的形成，是中国第一代共产主义者将马克思主义与五四—大革命时期革命实践相结合的产物，体现全党探索救国救民道路的集体智慧。群星灿烂，在这个探索天幕上，闪烁着李大钊、陈独秀、李汉俊、李达、毛泽东、周恩来等一颗又一颗星，恽代英也是其中一颗璀璨的星。

恽代英祖籍江苏常州，出生于湖北武昌。早年毕业于武昌私立中华大学哲学门（系），接受的是中国传统文化与西方哲学的教育，深受克鲁泡特金无政府共产主义的影响。马克思主义在中国传播后，通过五四运动的洗礼，他自我否定，批判了无政府主义，转而信仰马克思主义，成为我国早期马克思主义的播火者。1922年加入中国共产党后，先后担任中国共产主义青年团的领导、《中国青年》的主编、中共五大的中央执行委员，是中共早期领导人之一。恽代英的一生虽短暂，但经历丰富，他经历了五四—大革命时期几乎所有的大事件。大革命失败后，他是八一南昌起义、广州起义的领导人之一，是党的机关刊物《红旗》的主编。1931年4月29日被国民党杀害于南京。

恽代英不仅是中国共产党早期杰出的政治家，也是著名的理论家。在短暂的36个春秋里，他留下了300多万字的著述，最精彩的部分就是他运用马克思主义的立场、观点和方法，对大革命—土地革命前期中国革命道路的探索，成为毛泽东思想萌芽与形成的不可或缺的一部分。其中有的思想代表了某一个阶段"中国化"理论的最高水平，如统一战线的策略、青年工作、军队政治工作、大众化的宣传工作、对帝国主义是"纸老虎"的论述、引进外资的思想等等，对早期"中国化"做出了重要贡献。

对恽代英的研究学界比较热闹，成果丰富，思想研究尤其突出，然而从"中国化"的向度研究恽代英，还没有真正意义上的展开。以恽代英研究专家李良明为领衔的《恽代英思想研究》（人民出版社2011年版）是研究恽代英思想的力作，代表当今中国学界对该课题研究的最高水平。但该书还不能说是恽代英与"中国化"理论研究的专著。

令人兴奋的是，青年学人曾银慧以恽代英对早期马克思主义中国化的理论贡献为博士论文的研究方向，进行了深入思考。曾博士对恽代英的研究是有长期准备的。14年前，她在湖北大学读硕士时，就开始了这方面的学习，毕业论文是《论恽代英的马克思主义妇女观》。工作后，她一直关注恽代英研究，积极参加有关学术活动，发表了一些文章。2010年考入湖北大学马克思主义基本理论博士专业后，在导师徐方平的指导下，又把恽代英对早期马克思主义中国化理论贡献作为研究对象，进一步步入史林，在浩瀚的史料中搜集、整理，在马克思主义的理论中学习、提炼。

令人注意的是，新世纪"中国化"研究在我国学界火起来，但早期"中国化"却较冷清。早期"中国化"是"中国化"的源头，源头没有研究清楚，那么后面"中国化"的研究就无法深入下去。曾博士的研究是从恽代英的个案入手，对此研究做出了一定贡献，这将推动早期"中国化"研究的发展。

早期"中国化"的许多问题学界分歧较大，以至对起止时间、标准、内容等均有不同的解读。曾博士则将1917年十月革命到土地革命战争时期划定为早期"中国化"，这恰是恽代英的政治活动轨迹。书中对早期"中国化"时间的界定是一家之言，有其道理。该书根据恽代英的理论探索，从传播马克思主义、新民主主义革命基本思想、群众运动、党的建设等四个方面论述了恽代英对早期"中国化"的贡献。该书研究的角度与内容是有积极价值的，它既是对恽代英对早期"中国化"贡献的肯定，又从一个方面彰显出党对新民主主义革命基本思想的艰难探索。

曾博士治学的态度对我们有所启发。学术研究切记浮躁，要沉下心作艰难的探索。常言道："板凳要坐十年冷"。曾博士可以说是用这种精神从事研究的，如果从她2003年作研究生开始，便以恽代英作为研究对象的话，那么经历了14年的磨砺。虽然她的研究还谈不上成熟，仍有提高的空间，但锲而不舍作学问的精神是值得肯定的。没有十年的埋首故纸堆，没有十年的知识积累，便绝不会出这十余万字的著作。

作为她的老师与朋友,读到这本书稿,非常欣慰,情不自禁的写下以上文字,是为序。

田子渝

2017年4月于武昌沙湖琴园

目 录

绪 论 ………………………………………………………… 1

第一章 恽代英从空想社会主义者向马克思主义者转变 ………… 29

  第一节 空想社会主义对恽代英的影响 ……………………… 30

  第二节 恽代英向马克思主义转变的思想轨迹 ……………… 35

第二章 恽代英对马克思主义的传播 ………………………… 48

  第一节 在党的创建时期的传播 ……………………………… 49

  第二节 在大革命时期的传播 ………………………………… 60

  第三节 在土地革命战争时期的传播 ………………………… 67

第三章 恽代英对中国特殊社会性质、社会结构和统一战线的探索 ………………………………………………………… 72

  第一节 对中国特殊社会性质的探索 ………………………… 72

  第二节 对敌、我、友社会结构的探索 ……………………… 93

  第三节 对统一战线的探索 …………………………………… 119

· 1 ·

第四章　恽代英对群众运动的探索 …………………… 125

　第一节　对青年运动的探索 ……………………………… 125

　第二节　对农民运动的探索 ……………………………… 143

　第三节　对妇女运动的探索 ……………………………… 147

第五章　恽代英对武装斗争革命道路的探索 …………… 153

　第一节　对北伐战争的探索 ……………………………… 154

　第二节　对军事政治工作的探索 ………………………… 158

　第三节　对革命道路的探索 ……………………………… 163

第六章　恽代英对党的建设的探索 ……………………… 171

　第一节　对思想建设的探索 ……………………………… 171

　第二节　对政党建设的探索 ……………………………… 175

结　语 …………………………………………………………… 186

参考文献 ………………………………………………………… 193

后　记 …………………………………………………………… 201

绪　论

恽代英（1895—1931），中国共产党早期著名的革命家、理论家和宣传家，是中国青年运动的"楷模"。作为武汉地区新文化运动的主要领导人，他也是武汉地区马克思主义传播的先驱。祖籍江苏武进，1895年生于湖北武昌，1913年就读武昌中华大学预科班，开始接触无政府空想社会主义。1917年组织了爱国进步的互助社。1918年留校在附中任教导主任。1920年创办利群书社，并加入旨在"创造少年中国"的少年中国学会，编辑《少年中国学会丛书》，大力传播包括马克思主义在内的进步社会思潮，同年翻译了考茨基的《阶级争斗》，该书对毛泽东、周恩来、彭德怀、董必武、许继慎等早期中国共产党人产生了深刻影响，促进了他们由激进的民主主义者向马克思主义者转变。1921年在湖北黄冈组织了具有共产主义小组性质的共存社，随后加入了中国共产党。1923年任中国社会主义青年团的中央委员和宣传部长，并创办中国社会主义青年团中央机关刊物《中国青年》，该杂志成为青年们最喜爱的进步刊物，培养了如陆定一、张宗适、胡秉铎等整整一代青年。1926年当选为国民党中央执行委员，并任黄埔军校政治主任教官。国共合作破裂后，他参与领导了南昌起义和广州起义，是中国共产党内最早认识到武装斗争重要性的杰出领导人之一。历任中国共产党第五次代表大会和中国共产党六届二中全会中央委员。1928年任中共中央宣传部秘书长,并主编《红旗》,因为反对李立三的"左"倾错误而受到党内排挤,被调往危险的白色恐怖地区工作。1930年5月6日在进行秘密地下工作时被捕,1931年4月29日由于叛徒顾顺章的出卖,牺牲于南京。恽代英同志短暂而光辉的一生,曾以"代英""子毅""子怡""但一""FM""稚宜""天逸""尹子怡""毅""遽轩""戴英"等笔名撰写了大量文章,为世人留下了300余万字的宝贵文化遗产,为早期马克思主义中国化的理论建设做出了不可替代的贡献,是中华民族珍贵的精神财富。

一、恽代英与早期马克思主义中国化研究回顾

马克思主义中国化是新世纪以来中国共产党党史研究的一个热点,是中国共产党思想史上的一个核心问题。学界对此论题的探究可谓汗牛充栋,热闹非凡。迄今,已出版的马克思主义中国化专著达百余部,论文8613篇(笔者根据孔朝霞的博士论文《马克思主义中国化的早期探索研究》中收集的数据,即截至2009年下半年有关马克思主义中国化的论文6900篇,加上中国期刊网检索出的2010年至今的相关文章1713篇,综和而来。以下都用此办法),足见其关注之热切、争论之热烈。目前,代表著作有:宋士昌、衣芳的《马克思主义中国化通论》(山东人民出版社2010年版)、梅荣政的《马克思主义中国化史》(中国社会科学出版社2010年版)、庄福龄和邱守娟的《马克思主义中国化研究(第1卷)》(人民日报出版社2009年版)、郭建宁的《马克思主义中国化前沿问题研究》(安徽人民出版社2012年版)、张雷声的《马克思主义基本原理的中国化与中国化的马克思主义基本原理》(中国人民大学出版社2012年

版)、刘德军的《马克思主义中国化的理论与实践》(山东大学出版社2010年版)、郑永廷的《中国化马克思主义发展概论》(中国人民大学出版社2007年版)、柳国庆的《马克思主义中国化历史经验研究》(浙江大学出版社2006年版)、邓剑秋的《马克思主义中国化思想》(人民出版社2009年版)、田克勤的《中国化马克思主义概论》(中国人民大学出版社2010年版)、龚育之、石仲泉的《马克思主义中国化研究——历史进程和基本经验》(人民出版社2010年版)、侯惠勤的《马克思主义中国化理论创新30年》(中国社会科学出版社2009年版)、程恩富的《遵义会议与马克思主义中国化》(中国社会科学出版社2009年版)、陶德麟的《马克思主义哲学中国化的理论与历史研究》(北京师范大学出版社2011年版)等。

特别是2009年,中国共产党十七届四中全会提出了"推进马克思主义中国化、时代化、大众化"新命题,使马克思主义中国化研究进入一个崭新的阶段,不管是数量上还是质量上都有质的变化。2010年至今是该领域学术研究的丰收、高产时期。据中国知网不完全统计,近3年来出版的专著近百部,远超过前十年的总成果,发表的论文2401篇。迄今关于马克思主义中国化的研究述评约19篇(按上文的办法)。其中,汪信砚的《新世纪马克思主义中国化研究述评》是梳理该论题之力作。他总结出"马克思主义中国化的历史进程、马克思主义中国化的基本经验、马克思主义中国化的内在规律、马克思主义中国化的时代条件与社会文化基础、马克思主义中国化与中国传统文化、马克思主义中国化与中国现代化、马克思主义中国化与中国化的马克思主义、马克思主义中国化研究的学术史等纷纷进入学者们的视野,成为新世纪马克思主义中国化研究的主要论题",而"新世纪马克思主义中国化研究的最热论题仍然是马克思主义中国化的历史进程"① 问题。

早期马克思主义中国化研究是近年来党史界对创建史研究的一个拓新。近几年,研究界逐渐把对马克思主义中国化的研究延伸到建党领域。基于党的创建时期是马克思主义的普遍真理与中国革命具体实际初步结合的时期这样一个共识,学术界开始有意识地探寻创建史与马克思主义中国化的内在联系。早期马克思主义中国化研究,基本上是将其植入马克思主义中国化第一次历史性飞跃的视域下审视,几乎所有马克思主义中国化史的专著,均有这方面的记载,但多是一般性的描述,彼此重复,成为马克思主义中国化研究的薄弱环节。迄今仅见专著4部:彭继红的《传播与选择:马克思主义中国化的历程(1899—1921年)》(湖南师范大学出版社2001年版)、王继停的《马克思主义中国化:早期进程与启示》(上海社会科学院出版社2009年版)、王增智的《马克思主义中国化的早期探索》(人民出版社2012年版)和宋镜明、吴向伟的《党的重要历史人物与早期马克思主义中国化》(中国社会科学出版社2012年版)。以1993年左玉河、王瑞芳的《李大钊与马克思主义中国化》(载于《史学月刊》,1993年第1期)为早期马克思主义中国化论文的起点,至今论文52篇(按上文的统计办法),占马克思主义中国化论文的6‰。通过梳理和比对,主要内容有如下几点:

第一,早期马克思主义中国化的特点研究。这个论题探究最热门。王先俊、曹名臣的《党的创建时期马克思主义中国化的特点》较早地探究了这个问题,论文指出早期马克思主义中国化有三个特点:一是党的创建时期马克思主义中国化与马克思主义在中国的广泛传播是相伴而行的;二是党的创建时期马克思主义中国化深受共

---

① 汪信砚:《新世纪马克思主义中国化研究述评》,载《马克思主义研究》,2008年第3期,第81页。

产国际的影响；三是党的创建时期马克思主义中国化有一定的自发性。① 之后的相关论文大多借鉴该文，没有重大突破。姚锡长的《略论中国共产党创建时期马克思主义中国化研究的特点》认为，这一时期马克思主义中国化研究具有四个特点：马克思主义的进一步宣传和研究；在列宁主义直接指导下的共产国际的帮助；对国情的探索和对民主革命任务探索的互动；马克思主义在中国初步全面应用的实践性。② 论文强调马克思主义中国化的现实基础，即实践性特点，用实践的思维范式论证马克思主义中国化的独特体征，客观上扩大了视野。

第二，早期马克思主义中国化的思想交锋研究。这个领域的研究较深入，并有一定深度。相关论文主要阐明思想交锋促进早期马克思主义中国化，马克思主义中国化是思想交锋的必然结果。周良书的《从"问题与主义"之争到"理论与实践"之争：关于早期"马克思主义中国化"的思考》，围绕中国共产党创建时期李大钊与胡适之间的"问题与主义"之争和张国焘与李汉俊之间的"理论与实践"之争，进行了较全面深入的探讨。作者认为论争的一个重要结果是促成了1921年中国共产党的创立，这具有深远的意义。但在论争的过程中，早期中国共产党人"采取了非此即彼的态度，也给党的理论建设造成了负面影响"③。应该说，该评价是客观而中肯

---

① 王先俊、曹名臣：《党的创建时期马克思主义中国化的特点》，载《南都学坛（人文社会科学学报）》，2003年第3期，第34页。

② 姚锡长：《略论中国共产党创建时期马克思主义中国化研究的特点》，载《山西高等学校社会科学学报》，2007年第6期，第79页。

③ 周良书：《从"问题与主义"之争到"理论与实践"之争：关于早期"马克思主义中国化"的思考》，载《科学社会主义》，2008年第3期，第53页。

的，作者从新文化发展的角度诠释了马克思主义中国化是思想交锋的必然结果。

王明生的《"问题与主义"之争与马克思主义中国化的萌芽》，认真探究了中国共产党成立对马克思主义中国化的影响。作者认为"问题与主义"之争，造成了马克思主义中国化的萌芽。论文从文化传播的角度辩证地分析了胡适与李大钊的争论客观上传播了马克思主义，推进了早期先进知识分子有意识探索马克思主义结合中国的"实境"，为马克思主义中国化的深入发展提供契机。

宋连胜、候建明、丁刚的《"社会主义论战"与早期马克思主义中国化》，认为20世纪20年代发生的"社会主义论战"，对早期马克思主义中国化产生了重要影响。论文在前人的基础上，进一步总结了论战带来的结果是传播了马克思主义，指明了革命前途是社会主义，而不是资本主义。论战虽然对中国的国情认识还不够准确，但提出了可贵的结合中国"实境"的学风，对马克思主义中国化起到了推动作用。①

第三，关于早期马克思主义起点与标准研究。关于马克思主义中国化的起点问题，学界争论较多。迄今已产生了20多种说法，按照历史顺序大致有"马克思主义传入之日说""李大钊说""中国共产党成立之日说""中国共产党二大说""八七会议说""《反对本本主义》说""遵义会议说""六届六中全会说""延安整风运动说"等等。这说明马克思主义中国化的起点界定研究尚处于探索阶段，还需进一步思想交锋、迸发火花。关于马克思主义中国化的标准问题，也存在一定争议。以张远新、张正光的《马克思主义中国化逻辑起点新探》（以下简称《新探》）和张世飞的《论马克思主义中

---

① 宋连胜、候建明、丁刚：《"社会主义论战"与早期马克思主义中国化》，载《理论学刊》，2008年第6期，第13页。

国化的历史起点与形成标准》（以下简称《标准》）之间的争鸣为典型代表，《新探》认为马克思主义中国化的标准须具备："（1）'谁来化'（2）'化什么'（3）'为什么化'（4）'怎样化'（5）'化'的社会历史条件"。①《标准》则对上文提出质疑，提出马克思主义中国化的标准主要有两个："一是李大钊等人在20世纪20年代前后对马克思主义中国化的认识水平；二是其运用马克思主义解决中国革命问题的实际贡献。"②尽管学界争论热烈，但未形成定论。

值得一提的是，田子渝、蔡丽、徐方平、李良明著的《马克思主义在中国初期传播史（1918—1922）》对早期马克思主义中国化研究提出了新的见解，对早期马克思主义中国化的标准进行了有意义的探索。该著作明确地认定，马克思主义中国化的最主要标志是具有中国特色的理论形态。著作明确定义了"早期马克思主义中国化"概念，即"中国共产党人独立、自觉地运用马克思主义的宇宙观、方法论来明确认识中国社会的基本特征，初步掌握中国革命的基本矛盾与规律。因此其标准至少要具备这两条：一是要有比较丰富的中国革命实践，二是马克思主义必须具有'中国理论形态'"。③该著作也给出了马克思主义中国化的基本标准：实践和理论标准。这些为深入探究早期马克思主义中国化的内涵建构奠定了重要基础。

以上简要概括了马克思主义中国化特别是早期马克思主义中国

---

① 张远新、张正光：《马克思主义中国化逻辑起点新探》，载《马克思主义研究》，2008年第6期，第100页。

② 张世飞：《论马克思主义中国化的历史起点与形成标准》，载《马克思主义研究》，2009年第8期，第138页。

③ 田子渝、蔡丽、徐方平、李良明：《马克思主义在中国初期传播史（1918—1922）》，北京：学习出版社2012年版，第5页。

化的现状,我们不难发现,相对于马克思主义中国化这棵枝繁叶茂的大树而言,早期马克思主义中国化仅是一枝含苞待放的花蕾,还未结出丰硕的果实,因此还有许多弹性空间等待后人来挖掘。鉴于实际,我们需要从源头上厘清早期马克思主义中国化,即什么是早期马克思主义中国化,为什么要进行早期马克思主义中国化研究,以及早期马克思主义中国化包含哪些重要内容,等等,这就是早期马克思主义中国化的内涵研究。目前,对这个领域的研究才刚刚起步。

中国共产党早期领导人对马克思主义中国化进行了艰难的探索,新民主主义理论的基本思想是早期中国共产党人马克思主义中国化的集体智慧成果。恽代英作为中国共产党早期著名的理论家、革命家和杰出的青年运动领袖,对早期马克思主义中国化做出了重要贡献,值得学术界进一步研究。武汉地区一直是国内研究恽代英的重镇,在以华中师范大学为中心辐射开来的恽代英人物研究取得了辉煌的成就。该校曾先后于1985年、1995年、2005年和2015年承办了恽代英诞辰90周年、100周年、110周年和120周年学术讨论会,收集了海内外数千余篇论文,不仅进一步推动了恽代英人物研究,而且繁荣了党史研究。据笔者统计,自恽代英牺牲至今共出版专著18部[《恽代英研究篇目索引》(以下简称《索引》)中的15部,加上2006年华中师范大学出版的《纪念恽代英诞辰110周年学术讨论会论文集》、2011年人民出版社出版的《恽代英思想研究》和《纪念恽代英诞辰120周年学术讨论会论文集》],海内外论文423篇(《索引》里的409篇,加上笔者搜集近两年的论文14篇),研究述评7篇。应该说,恽代英研究果实丰满,成绩显著。

特别值得一提的是,工具性书籍《恽代英全集》(李良明著,人民出版社2014年版)的问世,基本穷尽了恽代英所有著述,一定程度上填补了早期党史人物遗著收集、整理的空白。著作有9卷,共290余万字，收录了恽代英1914—1930年间所写的论著、日记、通信、译作、教材、报告、演说等共600余篇，全面系统地反映了恽代英的思想体系，彰显了恽代英研究的史料价值。

恽代英研究专家李良明的《恽代英思想研究》（人民出版社2011年版）是目前该领域的前沿著作，全面梳理了恽代英300余万字译著以及国内外恽代英生平和思想研究成果，作者从历史背景、社会实践等方面实事求是地论述了恽代英在哲学、政治、经济、军事、文化、教育等领域的理论贡献，代表了学术界在该历史人物研究上的较高水平，具有较高的学术价值。作者指出，"中国共产党十一届三中全会以来，恽代英思想研究取得了长足进步，成绩斐然。"① 但"在恽代英思想研究的论文中，关于他五四时期思想的研究较多，大革命时期和大革命失败以后的思想研究较少。从《恽代英研究篇目索引》可见，我国学者现有研究主要是探讨恽代英五四时期政治思想的发展轨迹，以及少数关于他这一时期的哲学思想、教育思想、编辑思想、文化思想等方面的研究……日本学者、美国学者的论文也都是研究恽代英早期思想的"。② 这段话提示未来恽代英思想研究的方向，即深入挖掘恽代英成为坚定的马克思主义者之后在大革命时期和土地革命战争时期的思想动态，直至他1931年走完人生最后的那段思想历程。

把恽代英最后十年的奋斗历程和思想发展轨迹置于马克思主义普遍真理与中国革命具体实际初步结合的历程来考察，恽代英的革命历程浓缩了早期中国共产党人把马克思主义与中国革命具体实践初步结合的曲折艰难发展历程，他的革命生涯就是早期马克思主义

---

① 李良明：《恽代英思想研究》，北京：人民出版社2011年版，第24页。
② 李良明：《恽代英思想研究》，北京：人民出版社2011年版，第37—38页。

中国化的一个缩影。这为恽代英思想研究打开了广阔的空间，展现了多维度的思维范式，为之纵深发展提供可能。《索引》检索表明，自恽代英牺牲至今，记述他最后十年的革命生涯的论文55篇，仅看见1篇有关早期马克思主义中国化的论述文章。《湖北党史人物对早期马克思主义大众化的贡献——以董必武、李汉俊、恽代英为例》是最早论述恽代英对早期马克思主义中国化贡献的文章，论文从把书刊报纸作为推动马克思主义大众化的工具，创办学校、社团和工人夜校作为宣传马克思主义的阵地，翻译马克思主义著作和参与革命实践四个方面来介绍早期中国共产党人如何推动马克思主义大众化。① 但囿于构思，作者对恽代英具体进行马克思主义中国化的内容没有涉猎，但仍不失为一篇角度新颖的佳作，值得圈点。

　　宋镜明、吴向伟的《党的重要历史人物与早期马克思主义中国化》是第一部专门论述党史人物与早期马克思主义中国化的著作，它用专题形式从传播马克思主义、对国情的探讨、农民问题和党建问题的角度入手阐述了恽代英对早期马克思主义中国化的历史贡献。然而囿于布局，作者浅尝辄止，未对恽代英的早期马克思主义中国化思想进行全方位、多角度、深层次的扫描与挖掘，但对本课题研究奠定了良好的基础，有较高的借鉴价值。李良明、李天华的《恽代英政治思想研究》[载于《华中师范大学学报（人文社会科学版）》2012年第5期]从马克思主义中国化的角度来简要阐述其新民主主义理论的基本思想，其"成为中国共产党新民主主义革命理论体系中的重要元素，是中国共产党人为实现民族独立、人民解放奋斗征程的指南和经验总结，为党的第一次理论飞跃——毛泽东思

---

　　① 丁俊萍、徐信华：《湖北党史人物对早期马克思主义大众化的贡献——以董必武、李汉俊、恽代英为例》，载《湖北社会科学》，2008年第2期，第11页。

想的产生、形成和发展做出了历史性贡献"①。他们在《恽代英对马克思主义中国化的历史贡献》（载于《江汉论坛》2015年第3期）一文中用最新的史料来论证"恽代英作为中国共产党早期杰出的领导人和理论家之一，对马克思主义中国化做出过重要的开创性的贡献"②。

海外恽代英研究主要在美国和日本。埃德加·斯诺（Edgar Snow）的《红星照耀中国》（Red Star over China）最早把恽代英介绍到西方。"对恽代英的生平和事业介绍得比较详细的著作是1971年出版的两本英文工具书，一本是美国人霍华德·布尔曼（Howard Boorman）和理查德（Richard Howard）编写的《中华民国人物词典》，另一本是唐纳德·克莱因（Donald Klein）和安妮·克拉克（Anne Clark）编写的《中国共产党人物传记词典》。"③美国加州大学伯克利分校夏海的博士论文《五四时期恽代英及其湖北的朋友》专门研究恽代英早期思想；在日本，狭间直树的《五四运动的精神背景——对恽代英无政府主义思想的历史评价》（《广东社会科学》1989年第3期）和后藤延子的《恽代英在五四前夜的革命思想》（日本信州大学《文学部集》1983年第16号）都是关注恽代英的早期思想，但是海外对恽代英成为坚定的马克思主义者之后的思想关注较少。

近两年，学术界开始有意识地把恽代英纳入马克思主义中国化

---

① 李良明、李天华：《恽代英政治思想研究》，载《华中师范大学学报（人文社会科学版）》，2012年第5期，第57页。

② 李天华、李良明：《恽代英对马克思主义中国化的历史贡献》，载《江汉论坛》，2015年第3期，第61页。

③ 钟德涛、张亮东：《纪念恽代英诞辰110周年学术讨论会论文集》，武汉：华中师范大学出版社2006年版，第71页。

的研究视角,但仍处于起步阶段,有待进一步深化。迄今仅看见 2 篇相关论文:薛志清的《恽代英与马克思主义在中国的早期传播》(《湖北社会科学》2012 年第 5 期)和李中祥、曾冰的《恽代英唯物史观视域中的中国论题——兼论其推进马克思主义中国化时代化大众化的基本经验》(《湖北社会科学》2011 年第 11 期)。薛文较前者就深刻得多了,他较为系统地概括了恽代英在成长为马克思主义者的过程中的思想认识轨迹,论述了其创造性地运用马克思主义的独特见解,并同各种反马克思主义、非马克思主义的思潮作斗争,为推进马克思主义时代化大众化做出了重要贡献。但是薛文的着重点在其对"马克思主义的传播"上,对于"马克思主义中国化"论述较薄弱,仍属于马克思主义早期传播研究的范围。李文主要从恽代英转变成为马克思主义者之后,用唯物史观的视域来分析中国社会革命从中得出的经验来探讨恽代英对马克思主义中国化的历史贡献。

从现有的恽代英研究成果来看,学术界对其研究呈现以下特点:

第一,对其生平事迹研究的论文较多,对其思想研究的较少。十一届三中全会以前,学术界大多以回忆录的形式,具体介绍他的辉煌岁月,缅怀革命烈士;改革开放以来,学界仍较为关注恽代英生平,较多地描述他的革命生涯,尤其对其青年运动、农民运动、妇女运动等革命活动记叙较多。以恽代英的妇女运动为例,他的婚恋经历甚为传奇,学界大多是记录他的婚恋经历,如:王学亮以文学纪实的形式分期发表了《恽代英与沈氏姐妹花的传奇婚恋》上、下篇,鲜见妇女思想研究。目前,仅看见 4 篇相关论文:田子渝的《恽代英与妇女解放》(《妇女研究资料》1986 年第 1 期)、赵忠心的《恽代英的家庭教育思想》(《教育研究》2001 年第 2 期)、王冠中的《恽代英婚恋家庭观念研究》[《首都师范大学学报》(社会科学版)2009 年第 1 期]和马正平的《恽代英妇女思想研究》(《甘肃理论学刊》2012年第2期)。可见，欲使其纵深发展，还需要进一步拓展系统研究。

第二，对其早期思想研究的较多，对大革命时期及土地革命战争时期的思想研究较少。改革开放以来，对恽代英早期政治思想研究曾经有一个争鸣的高潮阶段，就是20世纪80年代掀起的关于恽代英早期政治思想性质问题的争鸣。集中体现在胡长水先生的《再论恽代英早期政治思想的基本倾向——答李良明同志》与李良明的《恽代英是走着由无政府主义到马克思主义的道路吗？——与胡长水同志商榷》、田子渝的《论五四时期恽代英政治思想的主流》等的学术论争，加之日本学者对该问题探讨兴趣浓厚，亦加入到该阵营，使恽代英早期政治思想研究达到了较高水平。然而大革命时期及之后的政治思想研究远没有早期思想论争激烈、研究深入，因此，深入探讨这个时期的思想正是笔者尝试拓展的层面。

第三，对其个体研究较多，个体与个体以及个体与群体之间的比较研究较少。李良明曾评价道："对恽代英生平事迹及思想的研究，还单纯地停留在对恽代英个体研究方面，个体研究较多，而个体与个体比较研究以及个体与群体比较研究少，甚至可以说关于恽代英的比较研究至今阙如。"① 的确，从《索引》和笔者收集的资料来看，恽代英的比较研究仅有5篇，而且仅只把恽代英与毛泽东进行个体比较，恽代英与李大钊、蔡和森、李达等个体比较还有待进一步深化。因此，著作力图运用比较研究法综合比较恽代英与其他早期中国共产党人的马克思主义中国化思想异同，以凸显恽代英的个性特色，并为早期马克思主义中国化的画面着色。

现将马克思主义中国化研究、早期马克思主义中国化研究、恽

---

① 李良明：《恽代英思想研究》，北京：人民出版社2011年版，第38页。

代英研究以及恽代英早期马克思主义中国化研究的成果汇总（详见下表）：

表1　1979—2016年统计表

	马克思主义中国化研究	早期马克思主义中国化研究	恽代英研究	恽代英早期马克思主义中国化研究
专著	300余部	4	20	0
论文	上万篇	60余篇	500余篇	6
述评	50余篇	2	10	0

数据来源：中国期刊网和《恽代英研究篇目索引》。

从表中可以看出，恽代英早期马克思主义中国化研究是十分薄弱的，还未结出丰硕的果实。因此，这为后人从事恽代英与早期马克思主义中国化研究提供了一个契机，同时这也是本书研究的起因。

二、早期马克思主义中国化的概念、标准及历史起点

弄清早期马克思主义中国化的概念、标准问题，是本书首要解决的最基本最重要的问题，既是行文的出发点，也是落脚点。这里作专门探讨。

界定早期马克思主义中国化的概念是研究早期马克思主义中国化前提。所谓早期马克思主义中国化是指马克思主义与中国革命（就历史起点而言）最初相结合的实践活动与理论成果。关键词是马克思主义、中国、最初、实践活动与理论成果。马克思主义的传播是早期马克思主义中国化理论之源；中国是早期马克思主义中国化的唯一客体；最初是早期马克思主义中国化的显著特征；实践活动是早期马克思主义中国化的出发点和归宿；理论成果是早期马克思主义中国化的理论形态。如果说马克思主义中国化就是把马克思主

义与中国革命、建设与改革事业相结合的话，那么，早期马克思主义中国化就是将马克思主义与中国共产党创建时期革命实践相结合。具体地说，就是把马克思主义更进一步地同中国共产党创建时期的革命实践、革命历史和革命文化结合起来，不断创新出马克思主义在中国的理论成果。胡锦涛同志在"七一讲话"中论述马克思主义中国化时，指出马克思主义中国化有两个成果，即毛泽东思想和中国特色社会主义理论体系。毛泽东思想在民主革命时期成熟的标志是新民主主义革命理论的完整提出，早期马克思主义中国化体现的"中国特色理论形态"是新民主主义理论体系的基本思想的雏形。这里彰显了马克思主义中国化的本质体征，即"化"的核心："中国特色理论形态"，它体现了早期马克思主义中国化核心价值，是早期马克思主义中国化的本质体征，因而是最重要的标识。

根据上面的标准，特界定早期马克思主义中国化的概念。所谓早期马克思主义中国化必须要有马克思主义传播，但只是初步传播，换句话说，仅是传播了马克思主义基本原理；必须要有一定的实践活动，但实践并不丰富，因此对中国革命的规律没有完全掌握，只能是新民主主义理论的基本思想。其具体内容包括：对中国特殊的二元社会与中国特殊的革命性质的认识；对新民主主义革命的对象、革命的领导阶级、主力军、同盟者，对资产阶级的认识；党的革命策略和党的建设等。毛泽东指出："这时的党终究还是幼年的党，是在统一战线、武装斗争和党的建设三个基本问题上都没有经验的党，是对于中国的历史状况和社会状况、中国革命的特点、中国革命的规律都懂得不多的党，是对于马克思列宁主义的理论和中国革命的实践还没有完整的、统一的了解的党。"① 这说明早期中国共产党人

---

① 《毛泽东选集》第2卷，北京：人民出版社1991年版，第610页。

对马克思主义具体结合中国革命的认识有一个由浅入深、由表及里的深化过程，对中国革命规律的把握也有一个从局部到整体的阶段。因此，此时的党还处于早期马克思主义中国化的阶段，仅是探索出毛泽东思想的萌芽——新民主主义理论的基本思想，这与新民主主义革命理论发展、完善阶段还存在较长一段距离。因此，把"中国特色理论形态"的雏形阶段称为早期马克思主义中国化。由此得出的结论是早期马克思主义中国化的肇始是中国共产党第二次全国代表大会，因为在中国共产党二大上中国共产党对中国革命基本规律做出了最初的探索，彰显了中国特殊的基本元素。

根据早期马克思主义中国化的定义，早期马克思主义中国化的标准必须具备这四项条件：一是思想条件，即马克思主义在中国的传播，这是思想前提。马克思主义是中国化的理论来源，如果没有这个思想条件，就无所谓早期马克思主义中国化，而是别的思想、理论、主义的中国化了。

二是主体条件，即有中国共产党作为主体条件，这是早期马克思主义中国化的物质力量，既是马克思主义的承接者，也是传播者，更是实践者。

三是实践条件，即需要与中国共产党创建时期的革命实际相结合的革命实践。实践条件是马克思主义中国化历史进程的重要指征，自然也成为早期马克思主义中国化的衡量标准，是早期马克思主义中国化向马克思主义中国化渐变的实践指征。

四是理论创新条件，即要有中国特色理论形态。是否具备彰显马克思主义的"中国特色理论形态"是早期马克思主义中国化最重要的标志和最重要的条件。所谓"化"主要就是指马克思主义与中国革命相结合产生的理论成果，如果没有理论形态，那只能是实践自发，是马克思主义中国化的低级形态，"中国特色理论形态"才是马克思主义中国化的高级形态，而且它具有可操作性，往往成为衡量马克思主义中国化的核心标准。

根据上述分析，笔者认为中国共产党二大是早期马克思主义中国化的历史起点，因为马克思主义中国化的第一个理论结晶——毛泽东思想成熟的标志是新民主主义革命理论体系的完整提出，而中国共产党二大提出了新民主主义理论的基本思想的雏形，初步产生了"中国民主革命特色理论形态"基本元素，这标志着马克思主义中国化的历程开启。其主要包括以下三点内容：

第一，确定了中国特殊的社会性质，即半殖民地半封建的二元社会。正确地判断社会性质是制定正确革命战略的客观依据和出发点。中国共产党二大在《关于"国际帝国主义与中国和中国共产党"的决议案》中首次使用了"半殖民地"一词，使中国共产党对社会性质的认识发生了实质性变化，"在经济秩序毁坏了中的世界资产阶级，又企图劫夺殖民地和半殖民地的原料劳力，来补偿他们在大战中的损失"。[①] 二大宣言断定了中国"半殖民地"的社会性质，"帝国主义的列强在这八十年侵略中国时期之内，中国已是事实上变成他们共同的殖民地了，中国人民是倒悬于他们欲壑无底的巨吻中间。帝国主义者掠取了中国辽广的边疆领土、岛屿与附属国，做他们新式的殖民地"。[②] 不管是"共同的殖民地"提法，还是"新式的殖民地"用语，这些措词都无一例外地揭示了中国社会半殖民性质的规律，即在经济上，列强控制了中国的经济命脉，拥有我国的修路权、采矿权、办邮电、关税权等，"国际帝国主义在相当的期限以

[①] 中央档案馆编：《中国共产党中央文件选集》第一册（1921—1925），北京：中共中央党校出版社1982年版，第35页。

[②] 中央档案馆编：《中国共产党中央文件选集》第一册（1921—1925），北京：中共中央党校出版社1982年版，第67页。

内，也都乐以全力借给军阀，一是可以造成他们在中国的特殊势力，一是可以延长中国内乱，使中国永远不能发展实业，永远为消费国家，永远为他们的市场。"① 在政治上，"贿赂中国的官僚政客"，"为防止中国民众的反抗起见，帝国主义者的列强又掠得实际统治中国人的领事裁判权，并派遣军队、警察、军舰驻守于中国领土之内"。② 最终把中国沦为他们的附属殖民地。

1922年6月《中国共产党中央第一次对于时局的主张》专门剖析了中国的"半封建性"。它指出，中国"实际上仍旧由军阀掌握政权，这种半独立的封建国家，执政的军阀每每与国际帝国主义互相勾结。"③ 很显然"半独立的封建国家"已经表述了"半封建"之意。"半封建"性质主要体现在经济和政治两个层面。在经济上，中国仍"停留在半原始的家庭农业和手工业的经济基础上面，工业资本主义化的时期还是很远"，"中国本部的经济生活，已由小农业、手工业渐进于资本主义生产制的幼稚时代"。④ 这说明中国的资本主义发展非常不充分，半原始的封建经济仍占统治地位，民族资本主义受到压迫和束缚，因此，中国经济出现畸形状态：既有农业经济，又有资本主义的经济，它们彼此形成了相互依赖关系，半封建的经济成了帝国主义侵略中国的经济基础。在政治上，"中国还是军阀把

---

① 中央档案馆编：《中国共产党中央文件选集》第一册（1921—1925），北京：中共中央党校出版社1982年版，第17页。

② 中央档案馆编：《中国共产党中央文件选集》第一册（1921—1925），北京：中共中央党校出版社1982年版，第68页。

③ 中央档案馆编：《中国共产党中央文件选集》第一册（1921—1925），北京：中共中央党校出版社1982年版，第17页。

④ 中央档案馆编：《中国共产党中央文件选集》第一册（1921—1925），北京：中共中央党校出版社1982年版，第72—74页。

持和割据的时代","所有无产阶级的工人、农民,以及无力避难的半无产阶级的人,因为连年军阀互争地盘的缘故,无辜丧了无数的生命。军阀政治是中国内忧外患的源泉,也是人民受痛苦的根源"①。这说明中国半封建政治是军阀政治,封建军阀与帝国主义狼狈为奸,成为帝国主义在中国的爪牙,致使一部分民众沦为"半无产阶级",被武人官僚和帝国主义双重盘剥。

第二,根据中国特殊的二元社会结构,中国共产党二大制定了两步走的革命战略。首先,二大揭示了中国革命的性质,不是无产阶级革命,而是民主主义革命。中国特殊二元社会决定中国革命的任务是求得民族独立与解放——帝国主义列强是中国最大的敌人;而封建军阀"一方受外国资本帝国主义者的利用教唆,一方为自己的利益把中国割据得破碎不全"②。封建军阀已成为帝国主义的附庸,"为帝国主义者无穷的操纵",所以帝国主义和封建军阀是中国革命的对象。因此,二大宣言首次明确指出,"各种事实证明,加给中国人民(无论是资产阶级、工人或农人)最大的痛苦是资本帝国主义和军阀官僚的封建势力,因此反对那两种势力的民主主义的革命运动是极有意义的:即因民主主义革命成功,便可得到独立和比较的自由。因此我们无产阶级审察今日中国的政治经济状况,我们无产阶级和贫苦的农民都应该援助民主主义革命运动。"③ 可见,革命对象决定革命性质,既然"资本帝国主义"和"军阀官僚的封建

---

① 中央档案馆编:《中国共产党中央文件选集》第一册(1921—1925),北京:中共中央党校出版社1982年版,第74、18页。

② 中央档案馆编:《中国共产党中央文件选集》第一册(1921—1925),北京:中共中央党校出版社1982年版,第72—73页。

③ 中央档案馆编:《中国共产党中央文件选集》第一册(1921—1925),北京:中共中央党校出版社1982年版,第76页。

势力"是我们革命的对象,那么我国的革命性质即为资产阶级民主革命,这种民主革命既维护了"资产阶级的利益,而于无产阶级也是有利益的"①。

其次,二大明确提出了中国革命对象是反对帝国主义与封建军阀,制定了中国革命两步走的革命战略。在"中国共产党的任务及其目前的奋斗"中明确了中国共产党的奋斗目标是"组织无产阶级,用阶级斗争的手段,建立劳农专政的政治,铲除私有财产制度,渐次达到一个共产主义的社会"②。这个奋斗纲领与中国共产党一大的最大区别、也是最大的亮点就是凸显了"渐次"二字,"渐次"就是逐渐递次的意思,这表明此时的中国共产党已经对实现奋斗目标的战略达成了一个共识,即分为阶段目标和终极目标来逐步实现共产主义,而不是一次性完成,这较中国共产党一大认知而言,已迈出了突破性的一步,在这个基础上,就产生了"两步走"革命战略:第一步是完成资产阶级民主主义革命,即"(一)消除内乱,打倒军阀,建设国内和平;(二)推翻国际帝国主义的压迫,达到中华民族完全独立;(三)统一中国本部(东三省在内)为真正民主共和国";第二步是从民主革命过渡到社会主义革命,即"实行'与贫苦农民联合的无产阶级专政'的第二步奋斗"③。第一步是由中国国情决定的,是目前现实所需,必须联合所有反抗阶级来对抗强大的敌人,第二步是由中国共产党的性质决定的,因为它代表着最广大

---

① 中央档案馆编:《中国共产党中央文件选集》第一册(1921—1925),北京:中共中央党校出版社1982年版,第38页。

② 中央档案馆编:《中国共产党中央文件选集》第一册(1921—1925),北京:中共中央党校出版社1982年版,第77页。

③ 中央档案馆编:《中国共产党中央文件选集》第一册(1921—1925),北京:中共中央党校出版社1982年版,第77—78页。

群众的利益，而"民主主义革命成功了，无产阶级不过得着一些自由与权利，还是不能完全解放"①，所以必须要进行社会主义革命，以真正保障人民群众的利益。实践证明，两步走革命战略适合中国二元社会的现状，遵循了中国特殊革命规律。应该说，直到中国共产党二大才真正弄清了中国社会性质，才真正找到了革命对象和革命战略，从而为新民主主义革命的基本问题找到了正确出口。

第三，制定了统一战线的策略。中国共产党第一个关于统一战线的文件是二大通过的《关于"民主的联合战线"的议决案》，其中首次论述了民主联合战线思想。首先，论述了建立统一战线的必要性。因为中国革命的敌人太过强大的缘故，"中国名为共和，实际上仍在封建式的军阀势力统治之下，对外则为国际资本帝国主义势力所支配的半独立国家，在这种政治经济状况之下的无产阶级，在这种内外两层压迫之下无法得着自由而又急须得着自由的无产阶级，更有加入民主革命运动之必要。"②军阀和帝国主义双重压迫无产阶级，而无产阶级力量弱小而又单一，为了能够打倒"公共的敌人"，积蓄更强大的力量，所以必要建立统一战线。因此，毛泽东在著名的《〈共产党人〉发刊词》中就总结出了"中国共产党在中国革命中战胜敌人的三个法宝"之一就是统一战线，它是"中国革命的伟大成绩"。

其次，资产阶级民主派对统一战线至关重要。因为中国仍在"封建势力统治"之下，"人民的生命财产都握在武人手里，法律和舆论都没有什么效力，所以为人民幸福计，民主派对于封建革命是

---

① 中央档案馆编：《中国共产党中央文件选集》第一册（1921—1925），北京：中共中央党校出版社1982年版，第77页。

② 中央档案馆编：《中国共产党中央文件选集》第一册（1921—1925），北京：中共中央党校出版社1982年版，第38页。

必要的，无产阶级倘还不能够单独革命，扶助民主派对于封建革命也是必要的。"① 可见，反对封建专制，既是资产阶级民主派的使命，也是无产阶级的任务，为了"公共的仇敌，两派联合起来打倒公敌"，共同目标促使他们结成联合战线。但是，正如毛泽东评价的那样，资产阶级民主派在资产阶级民主革命中具有二重性，既有爱国进步的一面，又有妥协退让的一面，这就决定了中国共产党对民主派的立场和原则——是援助和联合，而不是依附和合二为一，即"一方面固然应该联合民主派，援助民主派，然亦只是联合与援助，决不是投降附属与合并，因为民主派不是代表无产阶级为无产阶级利益而奋斗的政党；一方面应该集合在无产阶级的政党——共产党旗帜之下，独立做自己阶级的运动"。② 虽然二大时期的中国共产党对民主派的认识远没有抗日战争时期毛泽东的认识那么深入、透彻、精辟，但是中国共产党强调始终保持自身独立性，并清醒看到了与民主派的根本区别，这为把握中国革命的"首要问题"——敌、我、友社会结构问题提供了理论雏形。

最后，分析了中国社会各阶层，提出国共合作的革命策略。二大指出，工人们"将会变成推倒在中国的世界资本帝国主义的革命领袖军"。③ 农民占全国人数的大多数，他们"乃是革命运动中的最大要素"，"而且那大量的贫苦农民能和工人握手革命，那时可以保证中国革命的成功"。手工业者、小店主、小雇主"也是日趋困苦，

---

① 中央档案馆编：《中国共产党中央文件选集》第一册（1921—1925），北京：中共中央党校出版社1982年版，第37页。

② 中央档案馆编：《中国共产党中央文件选集》第一册（1921—1925），北京：中共中央党校出版社1982年版，第38页。

③ 中央档案馆编：《中国共产党中央文件选集》第一册（1921—1925），北京：中共中央党校出版社1982年版，第76页。

甚至破产失业","这个大量的群众也势必痛恨那拿痛苦给他们受的世界资本主义,加入到革命的队伍里面来"。① 可见,二大基本勾勒了革命的依靠力量,其基本动力是工人、农民、手工业者等城市小资产阶级,同时提出了国共合作。《中国共产党中央第一次对于时局的主张》公开表示,"中国共产党的方法是要邀请国民党等革命的民主派及革命的社会主义各团体,开一个联席会议","共同建立一个民主主义的联合战线,向封建式的军阀继续战争。这种联合战争,是解放我们中国人民受列强和军阀两重压迫的战争,是中国目前必要的不可免的战争"。② 这表明中国共产党已经把国共合作提上了工作日程,拟开"联席会议",最终落实共产国际"建立联合战线"的指示。历史昭示,国共合作为新民主主义革命的成功起到了不可替代的作用。

中国共产党第二次全国代表大会后,党中央将首要任务放在宣传、贯彻二大精神上。《先驱》《向导》周报、《新青年》季刊等成为宣传二大精神的主要党团报刊媒体。特别是《向导》周报,在理论上,"它试图将马克思主义基本理论与中国革命实践相结合",为中国革命提供正确的理论和策略指导;在实践上,"它积极引导、号召人民参与国民革命,批评国民党在国民革命中的各种错误倾向",以"确保国民革命发展的正确方向"。③ 这些都是马克思主义中国化的"中国特色理论形态"雏形的集中体现。总之,中国共产党二大

---

① 中央档案馆编:《中国共产党中央文件选集》第一册(1921—1925),北京:中共中央党校出版社1982年版,第76页。
② 中央档案馆编:《中国共产党中央文件选集》第一册(1921—1925),北京:中共中央党校出版社1982年版,第26页。
③ 徐信华:《中国共产党早期报刊与马克思主义大众化》,北京:人民出版社2013年版,第36页。

探索了中国革命的基本规律，其中提出了中国社会的特殊性、中国民主革命的性质、中国革命两步走的战略，剖析了中国社会各阶级，以及分清了革命的对象、主力军和同盟者，提出了无产阶级与资产阶级民主派建立统一战线的策略等，标志着"中国民主革命特色理论形态"雏形已经形成，从此开启了马克思主义中国化的帷幕。

三、恽代英与早期马克思主义中国化的研究意义、路径和方法

（一）研究意义

研究恽代英与早期马克思主义中国化的理论意义在于：

第一，探索早期马克思主义中国化的科学内涵。恽代英对早期马克思主义中国化的贡献主要体现了马克思主义中国化起始阶段的基本体征：一是马克思主义传播的中国化；二是初步运用的中国化；三是创新的中国化。恽代英所处的时代刚好见证了这三个阶段，他是那个时代最早进行马克思主义中国化的典型代表，因而更有话语权。深入研究恽代英把马克思主义与中国革命具体实践初步结合的奋斗历程，就能较清晰地梳理早期马克思主义中国化的发展轨迹，探究早期马克思主义中国化的实质，把握早期马克思主义中国化的科学内涵，从而推动马克思主义中国化历史整体研究的向前发展。

第二，探索恽代英对早期马克思主义中国化即新民主主义理论的基本思想的理论贡献，从而有助于进一步探索早期中国共产党人将马克思主义运用于中国革命的经验教训。事实上，新民主主义基本理论思想是马克思主义中国化第一个理论成果——毛泽东思想——的重要组成部分。恽代英以马克思主义为指导，运用无产阶级革命理论的立场、观点和方法，结合中国实情，对中国社会性质、

主要矛盾、革命动力、革命对象以及革命前途进行深入分析，形成了新民主主义革命理论的最基本理论形态。不仅如此，他作为中国革命青年的楷模，带领广大的青年学生和工人进行爱国救亡的无产阶级革命实践，尤其是他对青年运动、农民运动和妇女运动等的社会实践，形成了自己独特的理论贡献。如他是我党最早提出"帝国主义是一戳便穿的纸老虎"① 的中国共产党人之一；他是我党最早意识到武装斗争重要性的领导人之一；他是我党最早意识到重视农民运动的领导人之一。同时，他对国共合作、建立革命统一战线以及开辟农村革命根据地等思想都具有前瞻性。综观恽代英最后十年的革命生涯，就是把马克思主义理论同中国革命初步结合的过程，初步形成了毛泽东思想萌芽，真实写照了早期马克思主义中国化的探索历程，具有深远的理论创新意义。所以，通过对恽代英与早期马克思主义中国化的研究，能够彰显恽代英对早期马克思主义中国化的独特贡献，能够丰富马克思主义中国化研究。

历史是一面镜子，研究恽代英与早期马克思主义中国化力图展现的现实意义主要表现在以下两点：

第一，总结早期马克思主义中国化的成就，为当代马克思主义中国化提供有益的历史经验与借鉴。在思想多元的新世纪，越来越多的青年人对马克思主义的信仰出现了危机，马克思主义似乎离我们越来越远，虽然我们从小就接触过马克思主义理论相关知识，但其实并没有将其真实内化为个体的认知体系，形成指导生活的价值观、人生观和世界观，更不用说把其当成坚定的信仰，一生追随。是马克思主义已经过时，还是西方思潮的强势入侵，抑或是其他原因？这成为学术界亟须解决的价值观层面问题。早期马克思主义中

---

① 张注洪、任武雄编：《恽代英文集》（上卷），北京：人民出版社1984年版，第596页。

国化为我们提供了新鲜画面,早期中国共产党人一生信奉并追随马克思主义,并且为之流血牺牲,这与当代的80后、90后们形成了鲜明对比。揭开这段历史画面,希望能为我们指点迷津,起到借鉴之用。然而,历史又是惊人的相似。"我国马克思主义传播的鲜明特点,在传播之始就不是学理上的研究,而是救亡运动的客观需要"。① 在新世纪,马克思主义中国化研究大多止于学理上的探讨、学术上的争鸣,而客观事实是,我们更需要马克思主义走出象牙塔,成为人们的精神食粮抑或是心灵鸡汤。换句话说,马克思主义在当代不仅要用于学术科研,更要为人们精神生活提供养分,成为人们不可或缺的信仰。只有这样,我们的精神之树才不会枯竭。

第二,传递榜样的力量,为建设新世纪的中国特色社会主义树立典范。近代具有初步共产主义思想的知识精英,大多是19世纪的"80后""90后"。从这些五四知识精英中最终产生出中国第一批无产阶级革命家,成为时代的弄潮儿,引领时代发展潮流,使积贫积弱的中国改头换面、扬眉吐气。恽代英是19世纪"90后"的典型代表,他人格高尚、抱负远大、修身立品,是当时青年敬仰的领袖,他在皈依马克思主义,成为忠诚的马克思主义战士之后,一生为推翻压迫人民的大山,实现共产主义而奋斗,直到献出自己最宝贵的生命。这些都是当代青年最宝贵的精神财富,他极富纯粹的革命情操、真挚的革命情怀和深厚的革命情义,照耀着当代青年心灵,关照着当代青年的成长成才,这帮助他们奋发向上,为实现自己最高的价值目标而奋斗,树立正确的世界观、价值观和人生观,因而具有重要的现实指导意义。

---

① 田子渝、蔡丽、徐方平、李良明:《马克思主义在中国初期传播史(1918—1922)》,北京:学习出版社2012年版,第5页。

(二) 研究路径

第一，从传播史的角度研究恽代英早期马克思主义中国化的历程。这是一个较为新颖的角度，从文化学、传播学的视域来诠释恽代英的思想发展脉络，以此把恽代英的研究向纵深方向发展。在马克思主义传播史领域中，本书以1917—1927年马克思主义在中国早期传播这个时间段作为横截面，以求丰富早期马克思主义中国化思想万花筒。

第二，从中国共产党党史的角度来系统归纳恽代英对早期马克思主义中国化的贡献。恽代英对中国特殊社会性质、革命性质、革命对象、动力、同盟者、革命策略以及统一战线等一系列新民主主义理论的基本思想都有过探索。本书根据《恽代英年谱》中恽代英的活动记事来清楚展现恽代英的人生轨迹，重点追踪其思想内核，由点到面，辐射开来。

第三，从社会学层面宏观把握恽代英对早期马克思主义中国化研究的时代背景。列宁指出，"在分析任何一个社会问题时，马克思主义理论的绝对要求，就是要把问题提到一定的历史范围之内。"①为力求真实客观地描述恽代英对早期马克思主义中国化探索过程，本书力图把恽代英置于20世纪20年代的社会大背景中进行考察，把他和同时代的陈独秀、李大钊、李汉俊、毛泽东、瞿秋白、蔡和森等人一起放在历史的语境中去审视其实践活动和理论成果，并在当时背景中比较他们的异同点。

(三) 研究方法

第一，历史研究法。田子渝认为："不是从历史中寻觅踪迹，而是从固有的概念出发利用历史；不是对历史资料进行综合分析，去

---

① 《列宁选集》第2卷，北京：人民出版社1995年版，第375页。

伪存真，而是用当代意识有选择性地利用史料，不是在历史的语境中审视，而是用现代语境去解读，这是迄今马克思主义初期传播历史画面还没有完全复原的基本原因。"① 遵循这一思路，作为中国共产党党史研究的后继者，有感传承中共党史的责任重大，既要尊重历史又要将历史发扬光大。因着这样的历史使命，促使研究采用在历史语境中审视历史现场的科学方法，方能达此目的。

第二，文献研究法。真实而生动的史料是历史研究的基础与生命。本书立足这个基础，进行全面比对和分析恽代英的新民主主义理论的基本思想，并放之于《新青年》倡导的新文化运动史中进行考量，彰显恽代英的时代思想特色，真实再现党史人物风貌。

第三，比较研究法。"有比较才有鉴别"。在党的创建时期，每一个宝贵思想理论的提出都彰显出集体智慧的结晶，这些个性鲜明的历史人物在创建时期各尽其才、求同存异，为共同的爱国救亡使命而奋斗终生。尽管他们救国道路不同、价值观各异，但救亡图存之心一致。因此，用经典的比较法能有力甄别其相同点和差异点，凸显历史。

第四，宏微观结合研究法。从宏观把握恽代英的时代思想，从微观探究恽代英的具体思想，用这种方法论来指导历史研究，能坚持历史与现实的统一、理论与实际的统一、吸收与创新的统一，从而能有效繁荣人文社会科学。

---

① 田子渝、蔡丽、徐方平、李良明：《马克思主义在中国初期传播史（1918—1922）》，北京：学习出版社 2012 年版，第 20 页。

第一章　恽代英从空想社会主义者向马克思主义者转变

恽代英成为坚定的马克思主义者是他把马克思主义同中国革命实际相结合的前提。也就是说，恽代英转变成为马克思主义者是他从事早期马克思主义中国化工作的主体条件，离开了这个主体条件，则他的早期马克思主义中国化工作就不成立。因此，在阐述恽代英对早期马克思主义中国化的历史贡献之前，有必要厘清恽代英早期思想发展的轨迹。众所周知，恽代英同陈独秀、李大钊、毛泽东、周恩来、蔡和森等一大批早期先进知识分子们一样大多经历了从民主主义向马克思主义转变的思想发展历程。这容易给读者造成一种错觉，即他们都是从民主主义始发站直接到达马克思主义终点站的，中间没有中转站。事实上，但凡接触过马克思主义传播史的人都知道，在他们思想转变过程中都不同程度地受到过空想社会主义思潮特别是无政府主义的影响。换句话说，大多数早期马克思主义者都是由民主主义途经空想社会主义而向马克思主义转变的，显然，空想社会主义是他们转变成为马克思主义者的桥梁。因此，要弄清恽代英思想发展的轨迹，先要弄清空想社会主义对恽代英的深厚影响。

第一节　空想社会主义对恽代英的影响

空想社会主义（Utopian Socialism）是五四新文化运动中流行较长、传播较深的一种社会主义思潮。空想社会主义的传入对先进的中国知识分子产生了很大的启蒙作用，不仅帮助他们提高了对封建社会及资本主义社会反动、腐朽、落后本质的认识，而且通过空想社会主义实践，他们改变了对空想社会主义的初衷，促使他们彻底向其对立面——阶级争斗的社会革命转化，可以说，空想社会主义是他们由民主主义向社会主义转变的桥梁。

空想社会主义对恽代英有着巨大的吸引力，一度作为他早期考察中国命运的工具。其中无政府主义对恽代英影响甚大，作为空想社会主义之一的无政府共产主义由俄国的克鲁泡特金创立，其理论基础是互助论。互助论的主要理论来源是达尔文的进化论，但与达尔文进化论不同的是，克鲁泡特金认为生物进化的规律是互助的，而不是生存竞争的，"互助的利于生存，则因少费能力而能保持极大的公益。因此，大概能互助的动物多繁衍，强盛。……所以动物的互助，也正是进化的公例"①。因此，克鲁泡特金主张伦理革命，即按照互助是人类社会发展的普遍规律，通过互助实现公平、正义、平等等永恒的原则，以达到"各尽所能、各取所需"的共产主义社会。这种观点深入恽代英的内心，他无比赞成伦理革命，主张人心革命，倡导通过善势力的养成来从上层建筑层面改造社会，即人人

---

① 周建人：《生存竞争与互助》，载《新青年》第8卷第2号，1920年10月1日。

都养成了善势力，灭除恶势力，社会就达到互助的大同世界。恽代英认为："今日世界，最要之事，为善势力之养成。而所谓善势力者，必根基甚稳固，能力甚厚大，足以抵抗恶势力，与之奋斗，而能以扑灭之。"① 可见，培养善势力对救国至关重要，是"救人类根本之法"②。事实上，恽代英较早地受到过无政府主义的影响，曾笃信"安那其主义"（即无政府主义）。1920年，他在致少年中国学会会员王光祈的信中曾坦露："从实告诉你，我信安那其主义已经七年了，我自信懂得安那其的真理，而且曾经细心的研究。……我信只要一个人有了自由、平等、博爱、互助、劳动的精神，他自然有日会懂得安那其的。"③ 如此算来，恽代英早在1913年就开始接触无政府主义，经过长时间思考、研究，决定取互助之法作为救国方案，为此他不仅认真钻研互助论，而且积极的实践之。

恽代英践行互助论的直接结果就是实行新村运动。五四运动后期，新村主义在中国广泛传播，它是日本武者小路实笃在吸收克鲁泡特金的互助论基础上演化而来的一种空想社会主义，即通过创办独立的事业，创造没有私产、没有剥削的"各尽所能、各取所需的生活的机会"④。这引起了恽代英浓厚的兴趣，他十分向往过新村的生活。在1919年11月1日的日记里他记载了《新村的企望》，渴望

---

① 张注洪、任武雄编：《恽代英文集》（上卷），北京：人民出版社1984年版，第67页。

② 张注洪、任武雄编：《恽代英文集》（上卷），北京：人民出版社1984年版，第68页。

③ 张注洪、任武雄编：《恽代英文集》（上卷），北京：人民出版社1984年版，第109页。

④ 李良明编：《恽代英全集》第三卷，北京：人民出版社2014年版，第124页。

在"将来组织新村。我们预备在乡村中建造简单的生活,所以需费不多。村内完全废止金钱,没有私产,各尽所能,各取所需"①。为了把新村之梦变成现实,他带头实行新村运动。他和互助社重要成员林育南等具有共同理想的同仁商量计划实行新村,试图过一种日出而作、日落而息的"共同生活"。于是,1920年2月恽代英在互助社的基础上,创办了利群书社,目的是为"有一个推行工学互助主义的好根基;有一个为社会兴办各项有益事业的大本营"②。以此开始他们的新村生活。利群书社具有"工读互助团性质",是"一个营业的机关,是一个文化运动的场所,是一个修养会社的结晶体,是一个社会服务的共同生活的雏形"。③ 利群书社是武汉地区宣传包括马克思主义在内的新思潮的重要文化阵地,它与后来成立的湖南长沙文化书社"关系甚密,成为盛开在长江中上游宣传马克思主义和新思潮的并蒂莲"④。

与此同时,恽代英同林育南、林育英等人在武昌创办小型利群毛巾厂,"于城市中组织一部分财产公有的新生活"⑤。他把创办利群书社和利群毛巾厂作为"创办一个独立自给的共同生活"的根基,以此实现新村。利群书社的成员经常到那里参加劳动,同利群书社

---

① 中央档案馆、中国革命博物馆、中共中央党校出版社编:《恽代英日记》,北京:中共中央党校出版社1981年版,第652页。

② 李良明编:《恽代英全集》第三卷,北京:人民出版社2014年版,第124页。

③ 李良明编:《恽代英全集》第四卷,北京:人民出版社2014年版,第250页。

④ 田子渝、任武雄、李良明:《恽代英传记》,武汉:湖北人民出版社1984年版,第44页。

⑤ 李良明编:《恽代英全集》第三卷,北京:人民出版社2014年版,第124页。

一样，利群毛巾厂也具有工团互助性质。1921年2月，恽代英和林育南、林育英等在林育南的老家湖北黄冈恢复了浚新小学，以"得一个共产自给的共同生活"①，企图开辟"世外桃源"，"用闭门改良的方式实现其救国救民的美好愿望"②。

可能读者会和笔者一样不禁产生疑惑：空想社会主义何以有如此的魅力吸引青年俊杰恽代英"竟折腰"？竟让无政府主义和新村工读运动在当时文化界一度成为新文化运动的时尚？这还要源于它自身的特质。首先，空想社会主义"反对一切强权"的思想理念赢得了积贫积弱的中国民众极大好感。可以说，"反对一切强权"正好淋漓尽致地表达了中国民众特别是爱国进步青年们的心声，而以往的爱国救亡实践均惨遭失败，亡国灭种的乌云正笼罩在中国上空，正当他们郁闷彷徨之时，空想社会主义无疑为他们打开了一扇新窗，重新点燃了他们爱国救亡的新希望。其次，空想社会主义的"自由、平等、博爱、互助、劳动"口号正好反映了生活在水深火热的国人们梦想的"福音"，与我国传统文化中的勤劳、自立、平均、助人为乐等观念不谋而合，深受半个多世纪帝国主义侵略和压迫的国人恰好希望能有"平等待我之文化"的产生来抚平近百年的民族伤痛，空想社会主义刚好恰逢其时。最后，空想社会主义告诉世人将来的世界是"人尽所能、各取所需"的共产主义"黄金世界"。这浓缩了国人世代的夙愿，这种美好的憧憬感染着国人特别是忧国忧民的文化精英们，他们因强大的使命感和责任感来潜心学习空想社会主义，立志改造社会、"伺候国家"。

---

① 张注洪、任武雄编：《恽代英文集》（上卷），北京：人民出版社1984年版，第236页。

② 田子渝、蔡丽、徐方平、李良明：《马克思主义在中国初期传播史（1918—1922）》，北京：学习出版社2012年版，第243页。

非常遗憾的是，空想社会主义由于缺乏对人类社会发展规律的根本认识和把握，故没有探寻到人类只有通过阶级斗争才能求得民族独立解放的根本途径，因而注定了其只能是空中楼阁，一种空想罢了。事实证明，恽代英的新村之梦也只能是"痴人说梦"罢了。他的新村运动屡屡受挫：利群书社开办不久，常受经济压迫，难于维持，终在1921年6月7日，因当地军阀王占元部队发生兵变，利群书社在战火中被毁之一炬；"利群毛巾厂的产品，抵不过帝国主义现代化机器生产的商品竞争；平民教育团成立月余，便被湖北反动当局取缔；工学互助团也宣告失败……"①；浚新小学也很难办下去。林育南在致恽代英的信中就证明了这点，他说："恢复浚新，试办林收，这是我以前就很想办的事；但是仔细思量一下，觉得不是容易做的事。第一，浚新校址不甚大，难图发展。第二，乡人不重新教育，难于集多数学生。第三，既无基本金，微薄的学费不敷二三教员的生活费。……有这种种困难，所以这桩事就要大费筹划。"② 林育南通过摆事实和讲道理，向恽代英证明建立新村在客观上行不通的事实。一系列新村运动的失败使得恽代英不得不在痛苦彷徨中挣扎及反思，不断寻求新的方向和出路。

---

① 田子渝、任武雄、李良明：《恽代英传记》，武汉：湖北人民出版社1984年版，第55页。

② 张允候等编：《毓南致代英·五四时期的社团》（一），北京：生活·读书·新知三联书店1979年版，第175页。

第二节　恽代英向马克思主义转变的思想轨迹

众所周知，空想社会主义与马克思主义有着密切的联系，它们既有相同之处，又存在本质差异。它们最大共同之处在于两点：一是都批判资本主义和封建专制统治。资本主义和封建专制作为强权的代表，都是它们共同讨伐和打倒的对象。二是都憧憬共产主义。也就是说，共产主义是它们终极发展的目标，它们的最终方向是为了实现"各尽所能、各取所需"的共产主义社会。但是它们在实现道路的手段上存在根本差异，空想社会主义主张改良手段来达到理想社会，马克思主义则举起了阶级斗争的革命大旗，坚决反对空想社会主义的改良手段，并旗帜鲜明地宣告："到目前为止的一切社会的历史都是阶级斗争的历史。"① 因此，它们在路径上是相互对立的关系，正因为"道不同不相为谋"，在开辟共产主义的道路上，恽代英逐渐领悟到了二者的本质差别，决心与空想社会主义彻底决裂，最终走向其对立面——马克思主义。

一、转变过程

可以说，新村运动的破产促使恽代英从"未来之梦"的迷雾中觉醒。首先，新村的失败使他感受到救国无路"无量的苦痛"。这种苦痛就是"旧事业"虽不值得实践，但不得已而委曲求全的"勉强

---

① 《马克思恩格斯选集》第 1 卷，北京：人民出版社 1972 年版，第 250 页。

迁就之感"，这使他担心"为人类做事的希望断绝了"①，而"为人类做事"是他毕生心愿，一旦希望破灭，这种痛苦自然无法估量。马克思主义辩证法告诉我们，痛苦越深刻，越能激发恽代英这些知识精英们痛定思痛，直至找到痛苦的根源。

  其次，新村的失败促使了恽代英审视自己的救国方法论。恽代英过去受到改良主义的影响，坚持唯心主义的改造社会方法论，在接触唯物史观后，他从唯物主义的立场，考察无政府主义，认识到社会只有彻底地改造，才能实现社会主义的天国。他在1920年10月《致胡业裕》的信中就"革命手段"之事专门"交换意见"："我为革命的事，与仁静在北京争论经月，他笃信流血，我总想避免他。我想他或不能无疑我们'利群'式的活动，只是个人主义的小组织，或将变成这样。但我信我并非绝不参加流血事业，总只认他是最后手段，亦只认他是利害参半的手段。我亦并不怕同志走这条路，因各人选他最愿走的路，尽量努力，比不彻底、不圆融的合力协作还好。"② 这个信息非常重要，至少说明两点：一是改良救国还是革命救国这个问题困扰他很久，究竟是唯物史观能救国还是唯心主义改良手段能救国？这个问题也成为空想社会主义与马克思主义的分水岭，这说明恽代英正站在分界线上。二是真实表达了当时的他对"流血事业"（即马克思的阶级斗争）的态度，即一方面认可马克思主义，并不排斥阶级斗争，另一方面，认为阶级斗争是最后不得已而为之的革命手段，这说明他还未真正完全接受马克思主义。同时，他还清醒地看到阶级斗争的利害关系：有流血就有牺牲，阶级斗争

---

  ① 张注洪、任武雄编：《恽代英文集》（上卷），北京：人民出版社1984年版，第306—309页。

  ② 张注洪、任武雄编：《恽代英文集》（上卷），北京：人民出版社1984年版，第247页。

最终是要付出生命的沉重代价的。事实证明，恽代英的这种剖析是理性而合乎人性的。可以说，这种人性化思维方式在当时的知识分子中并不多见，因为人性中最大的真实就是只有理性地思考、衡量自身及社会的利弊，本着对社会及个人负责任的态度，才能做出合乎社会及个体的真实无悔抉择，而在当时政治、经济、社会环境非常恶劣的情况下，能拥有这般强大的内心是十分不易的，这恰恰凸显了恽代英不断自我反省的自律可贵品格。

综观恽代英政治思想的转变历程，主要经历了"三步走"：第一步，批判无政府主义等社会思潮。在《怎样创造少年中国》中恽代英第一次公开批判无政府主义、工读运动。无政府主义是他批判的重点，他一方面批判无政府主义的弊端，仅是从精神层面、伦理道德上"人心救国"，与横征暴敛、民不聊生的社会现实根本不相容，等于是虎口送食，"若我们一天天走受掠夺的路，却谈甚么无政府主义，这只是割肉饲虎的左道，从井救人的诬说"。[①] 显然，他已经认识到无政府主义在中国根本行不通的事实；另一方面，批判无政府主义不切实际的政治观。他说："我常说谈无政府主义的少年，十个有九个不切实，谈新思潮的少年，十个有七八个不切实。"[②] 对于"气盛"的少年而言，无政府主义恰好迎合了他们不切实际的空想心理，但对少年改造中国的实践无益，而且还助长了他们的心浮气躁，"从前谈无政府主义，现在急不暇择的，做安福系官僚的掾属去

---

① 张注洪、任武雄编：《恽代英文集》（上卷），北京：人民出版社1984年版，第162页。

② 张注洪、任武雄编：《恽代英文集》（上卷），北京：人民出版社1984年版，第217页。

了"①。这恰好证明了无政府主义理论的空洞性和妥协性。对于工读运动，恽代英看到了其"乌托邦"的本质，即理念很美好，但现实很骨感，"我们要知道工读虽是好事，究竟在生活能力不充实的人，不是容易做到的事，不要轻易的盲从妄动呢"。②

对于新村运动，他在《论社会主义》中进行了较深刻的批判。他批判了新村的本质缺陷，即"新村的运动，虽不纯然起原于寻求个人幸福的动机，但因为利己的本能得了个合宜孳生的场所，利他的本能因为遇不着适当的刺激，遂得不着适当的生长，所以精神每易太趋重了对内的完成，太疏忽了对外的发展。结果一部分的成功，无益于全世界的改造"③。新村过度倚重精神层面，寄希望于"人心革命"，显然缺乏实践基石，这最终导致新村的破灭。在《未来之梦》里，恽代英已经完全承认"个人主义的新村是错了的"④，质疑新村运动的现实性。

然而，他在批判新村运动时表现出了不彻底性和反复性，即在反思新村时，又肯定新村。他说："新村运动是应该的，因为这样可以制造出共存互助社会的雏形。"⑤ 这说明他肯定新村的作用，即能"造出共存互助社会的雏形"，事实上，新村运动最终如林育南预言

---

① 张注洪、任武雄编：《恽代英文集》（上卷），北京：人民出版社1984年版，第207页。

② 张注洪、任武雄编：《恽代英文集》（上卷），北京：人民出版社1984年版，第216页。

③ 张注洪、任武雄编：《恽代英文集》（上卷），北京：人民出版社1984年版，第251页。

④ 张注洪、任武雄编：《恽代英文集》（上卷），北京：人民出版社1984年版，第244页。

⑤ 张注洪、任武雄编：《恽代英文集》（上卷），北京：人民出版社1984年版，第256页。

那般"难以实现",为什么他还对其抱有幻想呢?这恰恰说明他改造世界观之路的艰难曲折与不彻底性和反复性,真实写照了他极复杂的内心世界:一方面,他难以割舍从1913年起就开始信奉的"安那其主义"(即无政府主义),里面确实有精当的成分合恽代英的心思;另一方面,不管是"安那其主义"也好,还是工读、新村主义也罢,它们统一经过实践检验证明不适合中国特殊国情,在中国是行不通的。在这种理性与情感的互相碰撞中,为了民族独立、人类解放大义,恽代英毅然选择理性,选择用阶级斗争来求得国家独立解放的马克思主义作为行动指南,从而抛弃空想社会主义,与之决裂。因此,对空想社会主义批判的不彻底性和反复性是他早期思想转变过程中的一个显著特点。

第二步,运用唯物史观理论来剖析中国的实际问题,为其政治思想的转变起到了重要作用。他曾一度迷恋"教育救国"论,企图实现"乡村教育"来改良中国,然在1921年4月作文《教育改造和社会改造》中,不仅能看见对以往"教育救国"论否定的痕迹,还能看见其转变成唯物论者的脉络。首先,他狠狠批驳"教育救国"的痴想,"若我们照今天的样子谈甚么办教育,救国家,改造社会,总是一场笑话","无论如何,你们说教育救国,学问救国,以这二三十年的成绩看来,断然你争输了"。① 中国"二三十年的成绩"说明中国被盘剥、落后挨打的面貌,一点也没有改变,而且更惨重了,更别奢谈教育救国了。其次,他表达了教育改造必须结合社会改造的马克思主义唯物史观倾向。恽代英通过扬弃教育救国的观点,实现了思想的升华,他看到了"教育改造"的本质,即"教育家必须把改造教育与改造社会打成一片,用自己所养的人,去做自己所创

---

① 张注洪、任武雄编:《恽代英文集》(上卷),北京:人民出版社1984年版,第287页。

的事，创自己能做的事，以容自己所养的人，这样才人无不有合当的事，事无不有合当的人……换过来亦可以说，社会运动，只是完成他教育事业的一个手段。"① 这时的观点与以往最大的不同就是融入了"实践"的元素，使教育改造不再是空中楼阁的"痴想"，而是接上了社会改造的地气，从而为教育改造找到了现实出口，这个思考范式本身已经具有了唯物史观的实践根本特征，这就是唯物史观所带来的改变。

第三步，逐渐转变成为马克思主义者。首先，翻译《阶级争斗》。1920年下半年，恽代英受《新青年》杂志的委托，翻译考茨基的《阶级争斗》。它与《共产党宣言》《科学的社会主义》等其他马克思主义的书籍在马克思主义在中国早期传播史中具有举足轻重的地位，毛泽东称它是改变其政治信仰、树立马克思主义信念的三本书之一。同样，该著作对恽代英的思想转变起到了重要的促进作用。他是边翻译边质疑曾信仰已久的安那其主义（即无政府主义），直到翻译结束，他开始赞成"流血牺牲"的阶级斗争了。据李书渠回忆道，"此书的翻译对恽代英同志的政治思想提高起了重大作用。这也促进了我们的提高，我们从此书的内容开始明确：要改造中国必须进行阶级斗争，从根本上改变社会制度"。②

其次，在对待唯物史观的态度上有了明确的表态。在《怎样创造少年中国》之前，恽代英更多的是利用利群书社这个平台传播马克思主义，把它当成新思潮的一种来传播，但在该文中他正式表明了对待马克思主义的政治态度，即赞成唯物史观，继而对无政府主

---

① 张注洪、任武雄编：《恽代英文集》（上卷），北京：人民出版社1984年版，第293页。

② 转引自田子渝、任武雄、李良明：《恽代英传记》，武汉：湖北人民出版社1984年版，第47页。

义产生了动摇,"我从一方面很信唯物史观的意见,他说道德是随经济演化而演化的"。并且,他对实现革命道路路径的认识也发生变化,逐渐从改良手段转向接受阶级斗争的主张,"我想只要平情达理的人,他或者不信政治活动或流血是必要的手段;然果遇着显见政治活动或流血,为简捷有力的改造手段的时候,甚至于显见其为改造的独一无二不可逃避的手段的时候,亦没有不赞成取用政治活动或流血的手段的道理"。① 这说明他确定改造国家社会的最后手段是阶级斗争。1921 年 4 月,恽代英在《致沈泽民、高语罕》中十分赞许沈泽民的唯物史观。他认同沈泽民的"教育问题,正和一切问题一样,非把全部社会问题改造好了,是不得会解决的"② 的观点,并评价他"目光如炬",这说明恽代英已明显倾向马克思主义唯物史观,亦主张社会改造是解决其他一切问题的根本途径,这意味着他已开始向马克思主义跨越。1922 年 6 月,他在《为少年中国学会同人进一解》中明确表示:"我们要研究唯物观,以发现历史进化必要的条件,因用以制造历史。"③ 可见,恽代英完全接受唯物史观,表明他已经成为马克思主义者。

最后,在思想碰撞中完成政治信仰的皈依。少年中国学会是一群政治观点迥异的爱国进步知识分子为了振兴国家而组织的一个救国学会,恽代英作为活跃分子,经常跟王光祈、杨效春、杨钟健等学员进行论争,不断碰撞思想火花。陈独秀曾对他的《未来之梦》

---

① 张注洪、任武雄编:《恽代英文集》(上卷),北京:人民出版社 1984 年版,第 167、169 页。

② 张注洪、任武雄编:《恽代英文集》(上卷),北京:人民出版社 1984 年版,第 297 页。

③ 张注洪、任武雄编:《恽代英文集》(上卷),北京:人民出版社 1984 年版,第 333 页。

提出了深刻批评："在社会底一种经济组织生产制度未推翻以前，一个人或一个团体决没有单独改造的余地。试向福利耶以来的新村运动，像北京工读互助团及恽君的未来之梦等类，是否真是痴人说梦？"① 1921 年 6 月，他的好友林育南亦批判他的企图通过无政府共产主义的"未来之梦"改造社会"恐怕终久是个'理想'，终久是个梦啊！"② 这些对他的触动非常大，使他不断质疑曾笃信的无政府主义，并进一步探寻无政府主义、新村、工团主义的致命缺陷，直到在 1921 年 7 月 1 日参加少年中国学会年会上，当他看见学会上出现了以邓中夏、高君宇等为代表的具有初步共产主义思想的知识分子与左舜生、陈启天等为代表的右翼知识分子关于马克思主义与改良主义之争的分歧时，加速了他向马克思主义转化的步伐。起初，在会上他还是调和派，但"调和非我本意"③，到会后不久，他已经意识到"实无调和的余地"，并"很望学会为波歇维式的团体"。④ 7 月中旬，他与林育南、李求实、李书渠等在湖北黄冈浚新小学内组织成立了共存社，旨在"以积极切实的预备，企图阶级斗争、劳农政治的实现，以达到圆满的人类共存为目的"⑤。共存社是具有共产主义性质的革命团体，它的成立标志着恽代英彻底与空想社会主义划清界限，最终走向其对立面，从而完成了政治信仰的皈依。

---

① 陈独秀：《关于社会主义的讨论》，载《新青年》第 8 卷第 4 号，1920 年 12 月。
② 《我们的》第 6 期，1921 年 6 月 1 日。
③ 李良明编：《恽代英全集》第四卷，北京：人民出版社 2014 年版，第 532 页。
④ 李良明编：《恽代英全集》第四卷，北京：人民出版社 2014 年版，第 532—533 页。
⑤ 《我们的》第 7 期，1921 年 8 月 10 日。

二、转变成因

恽代英能成为一名坚定的马克思主义者，归根结底是因为爱国救亡的使命使然。众所周知，早期知识分子们传播马克思主义的根本目的并不是因为学理上的研究，而是为了寻找救国的真理。对于具有强烈忧患意识的恽代英而言，他确立政治信仰的唯一标准就是能否指导救国实践。哪种主义能救国，那么，他就信奉哪种主义。显然，爱国主义是他政治信仰转变的红线和诱因。

（一）爱国主义是确立其马克思主义政治信仰的根本动力

什么是爱国主义？是"体现了人民群众对自己祖国的深厚感情，反映了个人对祖国的依存关系，是人们对自己故土家园、民族和文化的归属感、认同感、尊严感和荣誉感的统一"。① 爱国主义的丰厚内涵不仅是热爱祖国的灿烂文化，而且深深热爱养育自己的国家。这些爱国思想牢牢镌刻在恽代英的内心，积贫积弱、落后挨打的民族危难情景猛烈刺激着他的灵魂，少年时期的恽代英就从璀璨的民族传统文化中汲取养分，朴素的善恶观是其爱国主义的起点。他在《社会性之修养》中表达了爱国忧患意识，他说："中国社会事业之不能振兴，为中国前途之一隐患。其所以社会事业不能振兴者，何故乎？""归咎于公德、公心等八德不具之弊。"② 为此，他呼吁国民欲养成"公德""公心""诚心""谨慎""谦虚""服从""礼貌"

---

① 罗国杰等编：《思想道德修养与法律基础》，北京：高等教育出版社 2013 年版，第 40 页。
② 张注洪、任武雄编：《恽代英文集》（上卷），北京：人民出版社 1984 年版，第 5 页。

"利他"① 八德来改变社会现状,此"皆吾人从事社会事业所应有之德行,即所谓修养社会性所应注意者也。……今苟悟救国不可不恃社会事业,为社会事业不可不恃社会性,则必于此八者加之意,力反以前行为,几犹有望也"②。

轰动海内外的五四运动席卷神州大地,面对侵略者恃强凌弱、夺我山河的恶行,恽代英悲愤交加,愤恨不已。他率先举起反抗帝国主义旗帜,成为长江中下游反帝国主义反封建的佼佼者,在波澜壮阔的爱国主义运动中留下不可磨灭的一笔。对于袁世凯签订丧权辱国的"二十一条",恽代英同林育南等爱国先进分子连夜印制《四年五月七日之事》几百份传单,上武汉街头散发。这份爱国传单淋漓尽致地表达了恽代英爱国赤子之心。他呼吁国民:"有血性的黄帝的子孙,你不应该忘记四年五月七日之事,现在又是五月七日了。那在四十八点钟内,强迫我承认二十一条约的日本人,现在又在欧洲和会里,抢夺我们的青岛,抢夺我们的山东,要我们四万万人的中华民国,做他的奴隶牛马。你若是个人,你还要把金钱贡献他们,把盗贼认做你的父母吗?我亲爱的父老兄弟们,我总信你不至于无人性到这一步田地!"③

正是这份滚烫的爱国赤诚之心,使恽代英在爱国救亡这条道路上上下求索,鞠躬尽瘁。因为爱国,他接受了西方的自由平等的民主主义思想来反封建;因为爱国,当各种社会主义思潮盛行之时,

---

① 张注洪、任武雄编:《恽代英文集》(上卷),北京:人民出版社 1984 年版,第 27—32 页。

② 张注洪、任武雄编:《恽代英文集》(上卷),北京:人民出版社 1984 年版,第 32—33 页。

③ 张注洪、任武雄编:《恽代英文集》(上卷),北京:人民出版社 1984 年版,第 79 页。

他认真选择、比对各种社会主义思潮，从而最终扬弃无政府主义、新村主义和工读主义思想，坚定地选择了马克思主义。可以说，深厚的爱国之情、卫国之心才使得恽代英探寻并确立了其政治信仰的唯一标准，即为"帮助社会人类"，而马克思主义是所有社会思潮中唯一符合这个政治信仰标准的，因此，爱国主义是恽代英成为坚定的马克思主义者的精神指南。

（二）反帝国主义反封建的爱国运动是确立其马克思主义政治信仰的实践基石

晓叶（即田子渝）的《试析恽代英的爱国情结》指出，"青年恽代英在探索救国之途时，特别强调'行'，表明了他的唯物主义倾向。他反对空谈，反对无休止的争辩，提倡'力行'。"[①] 确实，恽代英作为一个'力行'者，他不是空谈爱国，而是把爱国情操融入到具体的爱国实践活动之中，力图爱国救亡，为黎民百姓谋福祉。

恽代英的"力行"观在五四运动中得到了很好的展现。五四运动期间，恽代英的足迹遍布武汉三镇，其活动之频繁、工作强度之高、撰写文字之多，在武汉地区先进知识分子中都是首屈一指的。因此，说恽代英是湖北武汉地区五四运动的开拓者和意见领袖一点不为过。五四运动爆发的消息一传到武汉，恽代英和爱国同学连夜赶印600份传单和"勿忘国耻"明信片，在校内和街头散发。紧接着筹备"武昌学生团"，"为北京学界声援"，并撰写大会宣言。5月10日，武汉地区各学校代表齐聚中华大学举行茶话会。"会议一致决定与北京爱国学生采取一致行动，外争国权，内惩国贼，不达目的，誓不罢休。全体代表请恽代英拟致北洋军阀大总统等各机关的

---

① 李良明、杨新起、赵永康：《恽代英诞辰100周年纪念会暨学术讨论会论文集》，武汉：华中师范大学出版社1996年版，第24页。

电稿——《武昌学生团宣言书》，共约四千字，感慨：'吐尽我无从吐泻之气，且愤且快。'"① 5月12日，成立了武昌学生团，并将宣言书通告全国。5月17日，武汉学生联合会成立，决定次日举行大罢课，恽代英特撰写《呜呼青岛》传单，鼓舞了学生运动士气，客观上推动了五四运动在武汉的发展。在领导学生罢课运动中，恽代英看到了自身力量的薄弱，为唤醒民众，驰援北京，在"'六三'惨案发生的当天，他就走访了武汉商界联合会的正副会长刘子敬、马刚侯以及汉口红十字会保安联合会的负责人郑慧吾，为爱国学生'作说客'，希望商界继起，援助学生"②。

五四运动虽结束，但救国真理仍不可得。于是乎，恽代英在好友王光祈的介绍下加入了少年中国会，并酝酿"将来组织新村"，预备乡村运动，并随后成立了利群书社，"客观上成了长江中游传播马克思主义和新思想的重要阵地"③。但随着乡村运动的失败，残酷的现实使恽代英不得不审视自己的信仰，对无政府主义、新村主义和工读主义思想产生了怀疑，加之1920年秋，受陈独秀的委托，翻译考茨基的《阶级争斗》。在这个过程中，使他比较全面地学习了唯物史观，促进他的思想的转变。他一边在挣脱无政府主义、新村和工读主义的藩篱，一边猛钻研马克思主义，使他幡然醒悟到，只有马克思主义才能践行其"帮助人类社会"的爱国梦想，那么，共存社的成立自然是履行"为人类共存"的诺言，并在反复实践中最终选

---

① 李良明、钟德涛：《恽代英年谱》，武汉：华中师范大学出版社2006年版，第118—119页。

② 李良明、钟德涛：《恽代英年谱》，武汉：华中师范大学出版社2006年版，第125页。

③ 李良明、钟德涛：《恽代英年谱》，武汉：华中师范大学出版社2006年版，第165页。

择了"阶级斗争"作为救国手段,这"表明以恽代英、林育南为代表的一批湖北先进青年与改良主义救国道路决裂,转向了俄式的'劳农专政'之路"①。此时的恽代英终于在实践中完成了政治信仰的皈依,从此拿起了马克思主义思想武器来改造社会,并开始了马克思主义与中国革命实际情形相结合的伟大的民族复兴之路。

---

① 田子渝、蔡丽、徐方平、李良明:《马克思主义在中国初期传播史(1918—1922)》,北京:学习出版社2012年版,第255页。

第二章 恽代英对马克思主义的传播

马克思主义在中国的传播是早期马克思主义中国化的思想条件，所以，传播马克思主义是早期马克思主义者运用马克思主义结合中国革命具体实际的题中之意，这也是马克思主义中国化的前提。恽代英作为马克思主义理论家、宣传家、革命家，在传播马克思主义圣火的道路上，留下了光辉灿烂的一笔。

田子渝将马克思主义在我国的传播分为四个阶段：自然传播阶段（19世纪70年代至1917年十月革命）、自觉传播阶段（1917年十月革命至1922年中国共产党二大）、马克思主义中国化第一个理论成果——毛泽东思想阶段（1922年中国共产党二大至新中国成立前后）和马克思主义中国化第二个理论成果——中国特色社会主义理论体系阶段（1978年改革开放至今），并把马克思主义在中国的"初期传播"界定为1918年李大钊发表的《法俄革命之比较观》《庶民的胜利》和《布尔什维克的胜利》为起点，到1922年中国共产党二大行动纲领的制定，"标志着传播实现了历史性的跨越"。[①] 笔者认同这种划分法，它在依据大量史料的基础上，做到了历史逻

---

① 田子渝、蔡丽、徐方平、李良明：《马克思主义在中国初期传播史（1918—1922）》，北京：学习出版社2012年版，第5页。

辑和辩证逻辑的统一。

纵观恽代英传播马克思主义轨迹，历经了自觉传播阶段和马克思主义中国化第一个理论成果——毛泽东思想阶段两个时期，具体可以划分为：党的创建时期的传播（1917年十月革命至1922年中国共产党二大）、大革命时期的传播（国共合作前后至1927年大革命失败）和土地革命战争时期的传播（1927年大革命失败至1931年牺牲）三个阶段，之所以这样划分，是因为源自"初期传播"这个理论划分标准，在沿用这个标准的基础上，进一步细化了马克思主义中国化第一个理论成果这个阶段。

第一节 在党的创建时期的传播

在党的创建时期，恽代英十分重视对马克思主义的传播，但更多的是把它作为一种先进的社会主义思潮进行宣传、研究。直到他转变成为无产阶级革命战士后，其对马克思主义的传播才进入有组织、有计划、有目的的阶段，并努力运用马克思主义解决中国革命实际。

一、传播渠道

传播渠道就是传播马克思主义的途径。作为一位先进的文化精英，恽代英以笔为武器，通过各种纸质媒体，不遗余力地播种马克思主义先进火种。他不仅是知名撰稿人，而且自己办报，是一名资深的媒体编辑；不仅翻译出版马克思列宁主义著作，而且创办书社，为传播马克思主义建造文化阵地。主要渠道包括：

第一，创办报刊。之所以说恽代英是一位资深的媒体人，是因为他拥有十几载的办报资历。1915年春，他与黄负生等人创办《道枢》杂志，并在该刊上发表了《怀疑论》，从此开始了办报生涯。1917年2月，受校长陈时全权委托，主编《光华学报》，其新闻思想开始大放光彩，"五四时期，他还先后主持或指导编辑过《学生周刊》《向上》《新声》《我们的》《互助》和《武汉星期评论》等报刊"。① 其撰写文字逾300万字。在党的创建时期，主要参与的杂志有以下几个：

一是《光华学报》。《光华学报》是中华大学的学报，由陈时创办，前任主编是刘树仁。恽代英接过刘树仁的接力棒后，对该报"大加改良"，主要做法有：首先，突出办报宗旨，规范来稿要求。恽代英强调学报的宗旨是"研究学术，发扬国光"，为了凸显宗旨，他鼓励学术争鸣，对"凡有怀抱特殊见解之论稿，但不抵触现行法令，而复能自圆其说者，皆本社之所欢迎"②。同时，他在1918年的第一、二、三期学报上，以编辑部名义，撰写《编辑室之谈话》，规范来稿要求。他要求来稿："（一）文体务求清顺，凡好为雕饰，以佶屈声雅为高，使人不知句读者不录。（二）思想务求明晰，凡无意义之谀辞，徒东涂西抹，敷衍成篇者不录。（三）立意务求纯正……（四）须不抵触现行法令。"③ 可见，他特别强调投稿质量，注重介绍新思想。其次，充实学报内容。他一方面在学报封面上刊登目录，便于读者有效阅读；另一方面，调整栏目，为繁荣学术争鸣，

---

① 李良明：《恽代英思想研究》，北京：人民出版社2011年版，第351页。

② 转引自李良明：《恽代英思想研究》，北京：人民出版社2011年版，第355页。

③ 转引自李良明：《恽代英思想研究》，北京：人民出版社2011年版，第355页。

特辟"读者俱乐部"一栏,便于"互相研究,互相问难,真理以愈研究而愈出",还增加了"学界纪事、专记教育界、出版界有关系之事实与新版书目,使读者于此事了然知吾国文化之现状"①等等,增加学报耐读性、反映社会新思潮、提升文化品位。整顿后的学报,不管是从文风、立意还是从栏目形式上都得到全面改进,极具新风气,颇受陈独秀的青睐和"赞美"②,校长陈时也"赞其内容可观"③,足见恽代英办报才干。

二是《新声》半月刊。1919年3月1日,"武昌第一个新文化出版物"《新声》横空出世,由林育南、胡业裕、魏以新等创办,并受到了恽代英的大力扶持,他为《新声》写祝词:"我以满腔的快乐,欢迎我们一般少年同志,用他们自己的能力,又建造了一种自助助人的好机关。"④而且经常为其阅稿,宣传《新声》,并给家人、好友寄赠《新声》,大力扶持该刊。可以说,《新声》的诞生及发展无不凝聚着恽代英的心血,他像守护婴儿般地用心呵护、栽培着这个新生事物,使它亦成长为传播马克思主义在内的新文化思想的阵地。恽代英在1919年4月6日的日记中写道:"《新声》本身无价值。其有价值处,一可以启发一般可以上进少年的思想,一可以提起后来同学做出版物的兴味。"

三是《爱国周报》。为了抵制日货,1919年5月21日恽代英发

---

① 转引自李良明:《恽代英思想研究》,北京:人民出版社2011年版,第355页。

② 中央档案馆、中国革命博物馆、中共中央党校出版社编:《恽代英日记》,北京:中共中央党校出版社1981年版,第50页。

③ 中央档案馆、中国革命博物馆、中共中央党校出版社编:《恽代英日记》,北京:中共中央党校出版社1981年版,115页。

④ 恽代英:《祝词》,载《新声》,1919年第1期。

起组织"学生实行提倡国货团",并印制了《爱国周报》。主要分"论说、记载、国货调查和本团消息"① 四大栏,并自制抵制日货调查表。

四是武汉学生联合会机关报《学生》周刊。为响应北京五四爱国运动,1919年5月17日,恽代英、林育南等人率先发起武汉地区五四运动,不仅在中华大学成立了武汉学生联合会,而且于5月29日出版了联合会的机关报《学生》周刊。办刊的宗旨即为"唤起国民爱国热忱,提倡国货坚持到底",其创办的目的主要有两个:一是传播新思想,"用以传播时事知识","用以传播国耻知识","用以传播日用生活的通俗科学","用以传播国民对于政府的地位之知识",这说明恽代英已深知媒体的作用,即传播信息之用。另一个是研究中国的实际问题,即"注意提倡国货","注意引导或纠正舆论","传达有价值的民意","辅进国民的外交"和"研究学生间问题"② 等等,这说明办报的另一大功能就是反映民生,研究并解决中国的实际问题。显然,此时的恽代英已经具备了一位专业媒体人的职业素养,通过创办杂志,实现国民"真正之觉悟"。

五是《我们的》《互助》。1920年2月,恽代英创办了利群书社的内部刊物《我们的》,1921年8月停刊,共存续一年半左右的时间。1920年10月,《互助》第1期出版,为32开的铅印小册子,主要是为互助社、利群书社和其他进步团体的社员提供一个思想交流的平台。它不仅真实记录了这些进步团体的成长历程,而且刊载了大量关于社员之间时事讨论的通信,如实记录了武汉地区知识分子

---

① 中央档案馆、中国革命博物馆、中共中央党校出版社编:《恽代英日记》,北京:中共中央党校出版社1981年版,第547页。

② 张注洪、任武雄编:《恽代英文集》(上卷),北京:人民出版社1984年版,第97—98页。

为求救国之路的孜孜求索的身影,"对于了解和研究五四时期武昌地区的社团,提供了珍贵的资料"。①

六是《武汉星期评论》。1921年2月,恽代英与黄负生、刘子通、梁空等人创办进步刊物《武汉星期评论》,旨在"以改造湖北教育及社会"②,力图改造教育以达到最终改造社会的目的。之后,为壮大湖北地区的中国共产党组织力量,该刊被发展成为"湖北地区共产主义小组的机关刊物"③。

第二,成立书社。在恽代英还是中华大学的学生的时候,为了帮助追求进步的学生接触更多新思想,他在学校门口成立了启智图书室,一度成为武汉地区传播新文化的重要据点。启智图书室是恽代英联合互助社的同仁而设立的,并开办了公共阅览室,向广大学生推荐《新青年》《每周评论》《教育杂志》《新潮》《青年进步》等先进刊物,传播新思想,聚拢了很大一批进步青年。

最值得一提的是,恽代英在启智图书室基础上成立的利群书社影响了整整一代人走上革命的道路,"客观上成了长江中游传播马克思主义和新思想的重要阵地"④。利群书社自1920年2月1日正式开办,1921年6月7日因当地军阀混战被毁之一炬,仅存一年零四个月时间,是"带有工读社会主义性质"的营业机关,是"一个独立

---

① 李良明、钟德涛:《恽代英年谱》,武汉:华中师范大学出版社2006年版,第177页。

② 见《武汉星期评论简章》。

③ 李良明、钟德涛:《恽代英年谱》,武汉:华中师范大学出版社2006年版,第186页。

④ 李良明、钟德涛:《恽代英年谱》,武汉:华中师范大学出版社2006年版,第165页。

的事业",和"为社会兴办各项有益事业的大本营"。① 它不仅是《新青年》《新潮》《少年中国》在武汉的"代售处",也是武汉地区进步青年的联络点,具有超高的人气和凝聚力。利群书社是武昌各进步团体的"结晶体",他们"自己租屋","自己扫除,自己裱糊,而且自己生火做饭","所有搬运橱架书籍,一大半靠自己,我亦做了许多一生未做的劳动事业"。② 从中可以看出利群书社的目的不在赢利,在于实现"共同生活"利益的宗旨,所"经售的书报,几乎完全是与新文化有关的,而且多半是武汉别家书店所不卖,或不曾卖的,所以购买的人的多少,还要看看再说"③。书社专门经销《共产党宣言》《共产主义的ABC》《马格斯资本论入门》《阶级争斗》等马克思主义著作和《新青年》《共产党》等杂志,成为长江中部地区传播马克思主义的核心枢纽。

第三,翻译出版物。一是翻译恩格斯的《家庭、私有制和国家的起源》。1920年10月10日至25日,《东方杂志》第17卷第19、20号,刊发了恽代英翻译的《英哲尔士论国家的起源》(今译《家庭、私有制和国家的起源》)。他亲自撰写《译者志》,这是首次向国人推荐这部名著,进一步扩大了马克思主义在我国传播的影响。二是翻译《阶级争斗》。恽代英在马克思主义的传播方面,"特殊贡

---

① 张注洪、任武雄编:《恽代英文集》(上卷),北京:人民出版社1984年版,第117页。

② 张注洪、任武雄编:《恽代英文集》(上卷),北京:人民出版社1984年版,第125页。

③ 张注洪、任武雄编:《恽代英文集》(上卷),北京:人民出版社1984年版,第126页。

献就是受陈独秀的委托，将英文版的《阶级争斗》译成中文"。① 该著作是考茨基（Kautsky）对1891年德国社会民主党爱尔福特（Erfut）大会宣言第一部分的解读，用唯物史观的原理宣传了德国民主党党纲，宣传了阶级斗争学说。中译本《阶级争斗》的英语底本是英国人William E.Bohn根据1907年德文第8版翻译而成的，1910年由美国芝加哥Charles H.Kerr & Company出版，其英译本名为The Class Struggle（阶级斗争）。1921年1月由新青年社以"新青年丛书"第八种出版，著作小32开本，共198页，定价大洋5角。这是我国第一部专门介绍阶级斗争学说的中译本，也是李汉俊推荐阅读马克思主义理论中关于阶级斗争理论的唯一指导性著作。1921年8月1日，《新青年》第9卷第4号刊登"新青年丛书出版广告"专门介绍该书："'阶级争斗'是社会主义始祖马克斯所发见的重要学理，也就是俄国、法国、美国，以及其余进步国的人们'现今社会运动底基音'。凡要彻底了解近代各国社会思想，须得先彻底明白'阶级争斗'是什么。这书原本是马克斯派著名人柯祖基做的，对于'阶级争斗'说得很详尽，在外国也算是一部名著，在我们这智识荒的中国更不消多说，要算是重要的粮食了。"②《阶级争斗》一经面世就产生了较大的影响，利群书社社员廖焕星、李书渠等都深受影响，毛泽东称它是改变其政治信仰、树立马克思主义信念的三本书之一。"它（即《阶级争斗》）与《共产党宣言》等其他马克思主义的书籍在马克思主义在中国初期传播史中具有举足轻重的地位，促进了毛泽东、周恩来、恽代英、彭德怀等许多激进民主主义者向

---

① 田子渝、蔡丽、徐方平、李良明：《马克思主义在中国初期传播史（1918—1922）》，北京：学习出版社2012年版，第55页。
② 《新青年丛书出版广告》，《新青年》第9卷第4号封二，1921年8月1日。

马克思主义方向的转化。"①

第四，成立马克思主义研究会。恽代英在转变成为马克思主义者以后，立即以一位无产阶级革命战士身份投入到革命队伍之中，中国共产党的成立使他的传播活动更具有组织性、系统性和纪律性。1922年5月5日，为纪念马克思，恽代英在川南师范学院成立了马克思主义研究会，与北京、上海、武汉、济南、广州等各地的马克思主义研究会遥相呼应，这充分说明恽代英的传播行为已具有明显的组织性。马克思主义研究会主要组织青年学生学习马克思、恩格斯的重要著作，专门用以宣传马克思主义唯物史观等，从而成为马克思主义的传播主阵地。

另外，发展泸州社会主义青年团。1922年春，恽代英接到团中央的书面指示，要求他在泸县组织地方社会主义青年团，专门从事马克思主义宣讲工作。恽代英在马克思主义研究会的基础上成立了泸州社会主义青年团，并提出了青年团目标和具体工作，其中一条就是"开展宣教工作，如办民校、夜校，在白塔街通俗教育馆和街头演讲"，它"成为泸县最早的团组织，为在四川发展革命力量，建立党团组织奠定了基础"②。按照青年团的宣教部署，恽代英在川南师范学院组织讲演团、运动会、读书会等革命小团体，传播马克思主义，积蓄革命力量，为川南地区马克思主义早期传播做出了不可磨灭的贡献。

---

① 田子渝、蔡丽、徐方平、李良明：《马克思主义在中国初期传播史（1918—1922）》，北京：学习出版社2012年版，第139页。

② 李良明、钟德涛：《恽代英年谱》，北京：华中师范大学出版社2006年版，第201页。

二、传播内容

恽代英在《致刘仁静》的信中就表达了外来主义必须结合中国国情的马克思主义中国化主张,他十分赞同刘仁静的观点,"我们的任务,在寻求一个适合国情,而又合于共产主义的方针来。"认为"这总是有价值的意见"。① 这说明恽代英传播新文化的目的是求得民族解放的实际,而他传播马克思主义也是为了实现这一目标,那么,其传播马克思主义的内容也是围绕解决中国革命的实际。主要内容包括以下几点:

第一,传播唯物史观。在恽代英转变成马克思主义者之后,就成为传播唯物史观的使者。他在少年中国学会中旗帜鲜明地传播唯物史观,他说:"旧社会的罪恶,全是不良的经济制度所构成。舍改造经济制度,无由改造社会。"② 显然,他完全赞同经济基础决定上层建筑的观点,并看见了经济制度与改造社会的关系,即只有推翻代表生产力基础的经济制度,才能真正改造社会。所以,"我们但能认清我们的责任,唯一的是企求社会全部的改造"。③ 也就是说,全社会改造是一切改造的基础,爱国知识分子最大也是最重要的责任就是改造社会,求得民族独立。因此,他声明对待唯物史观的态度是:"我们要研究唯物史观,以发现历史进化必要的条件,因用以制造历史。我们不是满意以前唯物的历史,我们须要造历史。但我们

---

① 张注洪、任武雄编:《恽代英文集》(上卷),北京:人民出版社1984年版,第258页。

② 张注洪、任武雄编:《恽代英文集》(上卷),北京:人民出版社1984年版,第326页。

③ 张注洪、任武雄编:《恽代英文集》(上卷),北京:人民出版社1984年版,第329页。

要造历史，不可不注意历史进化的必要条件，不然我们造不出历史来。"①

在创建时期，恽代英主要通过两个方面来传播唯物史观：一是用唯物史观做方法论，驳斥各种错误论调。在该时期，恽代英更多的是用唯物史观来批判新村运动。对于部分人希望"办新村，改良家庭，改良市政，改良固有的学校与工厂，有了好社会"②的言论，恽代英一针见血指出问题的实质，"在这种群雄争长的局面之下，生活是日益困难而不安定的"，在这个前提下，"所以这些努力，其实决没有圆满成功的希冀"③。唯物史观告诉我们，根本问题在于"必须先想个打破群雄争长局面的法子，然后这些主张才能够有研究的价值"④。

同时，恽代英用唯物史观同复古言论作斗争。对于有些人希望复古的不切实际言论，恽代英尖锐的驳斥道："纸老虎是不好戳穿的，一经戳穿了，还盼望用愚民政策，使他再信这是个真老虎，这简直是可笑的梦想。"⑤他把持复古言论的人比喻成"纸老虎"，认为他们的观点是"一戳就穿的愚民思想"，实为笑料，不足挂齿。

二是用唯物史观具体指导当前紧要的民治运动。在恽代英看来，

---

① 张注洪、任武雄编：《恽代英文集》（上卷），北京：人民出版社1984年版，第333页。

② 李良明编：《恽代英全集》第五卷，北京：人民出版社2014年版，第38页。

③ 李良明编：《恽代英全集》第五卷，北京：人民出版社2014年版，第38—39页。

④ 李良明编：《恽代英全集》第五卷，北京：人民出版社2014年版，第38页。

⑤ 李良明编：《恽代英全集》第五卷，北京：人民出版社2014年版，第37页。

为救治中国，紧要的是实行民治运动，如何做民治运动？他用唯物史观做方法论，找到切实的方法。在思想上，要"唤起人民为自己的利益而奋斗""为奋斗而联合"①，学会反抗强权，学会团结可以团结的力量；在战术上，要训练军队，"要这种作战的联合，大家能受一种有纪律的训练"，同时"大家能注意监督领袖，谨防领袖利用我们，谋他自身的利益，而引我们做不利益的事"。② 在政治上，"要引导这种作战的联合，向政治上战斗"，即"谋全体人民利益的政治，不是要谋任何优等阶级利益的政治，我们是要谋建设平等互治社会的政治"，以"实现真正的民治政治"。③

第二，传播阶级斗争理论。《共产党宣言》指出，"到目前为止的一切社会的历史都是阶级斗争的历史。"④ 既然阶级斗争学说是贯穿马克思主义理论的"金钱"，那么，阶级斗争理论对国人最大的贡献就是帮助国人最终找到武装革命的救国方案，为改造中国找到真正的锐利思想武器。1922年9月，恽代英在《民治运动》中旗帜鲜明地宣传阶级斗争学说："从来社会的凝结，战争是一个重要的力量。我们不能够靠讲道理结合甚么有力的团体。我们要鼓吹反抗强权的学说，而且引他们向各种黑暗的势力作战。"⑤ "反抗强权的学

---

① 李良明编：《恽代英全集》第五卷，北京：人民出版社2014年版，第40页。

② 李良明编：《恽代英全集》第五卷，北京：人民出版社2014年版，第41页。

③ 李良明编：《恽代英全集》第五卷，北京：人民出版社2014年版，第42页。

④ 《马克思恩格斯选集》第1卷，北京：人民出版社1972年版，第250页。

⑤ 张注洪、任武雄编：《恽代英文集》（上卷），北京：人民出版社1984年版，第341—342页。

说"就是阶级斗争学说，而阶级斗争最能够凝结社会力量，最能够帮助"实现真正的民治政治"①，他掷地有声地吹起了"流血革命"，即阶级斗争的号角："时机危急了！我们要赶快组织作战的军队，为民治政治，向一切黑暗的势力宣战。"② 显然，恽代英身先士卒，已成为用阶级斗争夺取革命政权的先锋战士。

第二节　在大革命时期的传播

1923年8月20日—8月25日，中国社会主义青年团第二次全国代表大会在南京召开，恽代英增补为中央委员。会后不久，团中央创办了团机关刊物《中国青年》，时任团中央宣传部长的恽代英担任第一任主编。从此，恽代英以《中国青年》为宣传阵地、以笔为武器，开始了职业宣传家生涯，大革命时期是他传播马克思列宁主义最集中、最高产、最辉煌的时期。其主要传播内容包括以下两点：

第一，传播列宁的东方革命理论。众所周知，列宁主义和马克思主义是一脉相承的，是对马克思主义的创新和发展，是帝国主义时代的马克思主义。恽代英对列宁主义的传播是大革命时期马克思主义传播最大的亮点之一。毛泽东曾说："十月革命一声炮响，给我们送来了马克思列宁主义。"③ 这段著名论述形象地描述了俄国十月革命对中国的巨大影响。实际上，列宁的东方革命理论是在1920年

---

① 张注洪、任武雄编：《恽代英文集》（上卷），北京：人民出版社1984年版，第342页。

② 张注洪、任武雄编：《恽代英文集》（上卷），北京：人民出版社1984年版，第343页。

③ 《毛泽东选集》第4卷，北京：人民出版社1991年版，第1471页。

下半年开始陆续传入到中国的,1922年1月,团中央的第一个机关刊物《先驱》创刊,开始全面传播列宁的东方革命理论。其中,民族和殖民地问题的理论是列宁东方革命理论的核心内容,它直接指导了东方殖民地、半殖民地国家如何进行革命,对中国特殊革命规律方面的探索做出了重要贡献。大革命时期,恽代英曾撰写了大量宣传列宁主义及苏俄革命与建设的文章,向苏俄学习。具体情况如下表:

表2 恽代英关于宣传列宁主义、苏俄革命与建设的论著

(1924年1月—1927年7月)

论著	署名	出处	发表时间	备注
《列宁与中国的革命》	代英	《中国青年》第16期	1924年2月2日	《中国青年》辟专栏"列宁特号"纪念列宁
《列宁与新经济政策》	代英	上海追悼列宁大会特刊	1924年3月9日	
《北庭与中俄交涉》	代英	《民国日报》副刊《评论与评论》第二期	1924年3月30日	
《中国民族独立问题》	恽代英先生演讲(高尔松记)	《民国日报》副刊《觉悟》	1924年6月29日—30日	
《苏俄与世界革命》	代英	《中国青年》第52期	1924年11月8日	
《苏俄与中国革命运动》	但一	《中国青年》第52期	1924年11月8日	
《暑假的工作与苏俄研究》	代英	《中国青年》第83期	1925年7月23日	恽代英任《中国青年》主编时与读者蔺笑秦的通信

(续表)

论著	署名	出处	发表时间	备注
《赤俄与世界革命》	FM	《中国青年》第102期	1925年11月20日	
《究竟苏俄是怎样的国家?》	但	《中国青年》第102期	1925年11月20日	
《〈苏俄国家的教育〉按语》	代英	《中国青年》第105期	1925年12月12日	
《甘地与列宁》	代英	《中国青年》第114期	1926年2月20日	恽代英任《中国青年》主编时与读者仲言的通信
《狮子眼中的"苏俄帝国主义"》	代英	《少年先锋》第1卷第2期	1926年9月11日	
《俄党(?)》	代英	《少年先锋》第1卷第8期	1926年11月11日	

资料来源：《恽代英全集》第五—九卷，人民出版社2014年版。

恽代英传播列宁主义的主要内容有：

首先，总结唯物史观的精髓。在恽代英看来，列宁把唯物史观的精髓运用得十分精当，完全可以拿来为国人所用。唯物史观的精髓就是把马克思主义结合本国实情，揭示本国革命的规律，即马克思主义本土化。他评价列宁"从唯物史观得着了俄国革命成功的关键"，就是"最注意的是俄国实际情形"，从而"发明了新经济政策"①，解决了俄国的实际问题。从中我们受到的启发就是中国可以

---

① 张注洪、任武雄编：《恽代英文集》（上卷），北京：人民出版社1984年版，第441页。

把马克思列宁主义同中国革命相结合,即马克思列宁主义中国化,"解决中国的问题,自然要根据中国的情形,以决定中国的办法;但是至少可以说,伟大的列宁,已经亲身给了我们许多好的暗示了,我们可以不注意他么!"① 原来,恽代英关注列宁就是因为苏俄的成功可以为中国救亡运动起到很好的借鉴之用,并不是单纯的"学理上的研究",既然唯物史观结合了"俄国实际情形",即马克思主义俄国化,使俄国获得新生,那么,我们就应该把马克思主义结合"中国的情形",即马克思主义中国化,让中国也求得独立与解放。通过对列宁唯物史观的传播,使更多追求进步的青年把目光聚焦到俄国苏维埃革命及建设当中,让国人以俄为师,积极效仿苏俄革命成功的经验,热心探讨中国革命成功之道。一大批《中国青年》的忠实读者们就是通过恽代英对列宁及列宁主义的传播,了解了"苏俄实况",逐渐产生革命觉悟,进而走上无产阶级革命道路的。

其次,传播列宁的民族与殖民地问题理论。民族与殖民地问题理论是列宁东方革命理论的精髓和核心部分,1922年4月由人民出版社出版的第三国际著、成则人(即沈泽民)译的《第三国际议案及宣言》较全面传播了民族与殖民地问题理论,使列宁东方革命理论得以及时、有效在中国境内传播开来。著作指出:中产阶级民主政治的"诈伪极明白暴露出来给一切民族看","必不可对于民族问题取抽象的与形式的态度","必须把被压阶级被掠夺阶级的利害和民族的一般利害分别清楚"。② 故列宁提出世界被压迫民族联合起来,建立无产阶级联盟。列宁关于民族与殖民地问题理论被恽代英

---

① 张注洪、任武雄编:《恽代英文集》(上卷),北京:人民出版社1984年版,第480—481页。

② 《第三国际议案及宣言》,成则人译,上海:人民出版社1922年版,第101页。

及时、有效吸收，并用自己理解的方式充分的传播开来。他指出，"从列宁所说的与列宁所做的都告诉了我们"，"中国的革命，必须能保证劳兵农乃至一般被压迫阶级的利益，乃能得着他们的赞助拥护"。① 即中国一切代表"被压迫阶级"的农民、工人、士兵等地位低下的被剥削阶级联合起来，结成革命的联盟，共同反抗强权，中国的革命才有可能取得成功。从中可以看出，恽代英传播民族与殖民地问题理论，是为了给寻找救国真理的国人提供可供参考的方法论和思想武器，推翻压迫阶级。

最后，传播列宁的"间接过渡"思想。列宁认为，无产阶级革命运动是一个曲折前进的过程，一国不能直接过渡到共产主义，必须是"间接过渡"②。恽代英在《列宁与新经济政策》中专门论述了这一思想。他认为新经济政策是列宁"就他所观察所研究的，谨慎而明确的指导俄国走它所应走的路"，是"列宁对于俄国革命后应行的政策"。③ 就是列宁独立自主运用唯物史观结合俄国实情的必然结果，所以，他指出，"列宁本是认定了在产业后进的国家不经过相当的资本主义的发展，是不能进于最低度的共产主义的。……只有产业发达，无产阶级才发达，共产党的政府才有他的立脚点。"④ 而他写此文的目的，就是"以为这可以暗示产业后进国家实现共产主

---

① 张注洪、任武雄编：《恽代英文集》（上卷），北京：人民出版社1984年版，第442、443页。

② 转引自田子渝、蔡丽、徐方平、李良明：《马克思主义在中国初期传播史（1918—1922）》，北京：学习出版社2012年版，第310页。

③ 张注洪、任武雄编：《恽代英文集》（上卷），北京：人民出版社1984年版，第477页。

④ 张注洪、任武雄编：《恽代英文集》（上卷），北京：人民出版社1984年版，第479页。

义的方法",即"产业后进国家可以实现共产主义,但必须用新经济政策做他们中间一个长的阶梯。"① 间接过渡思想对中国青年的启示是:一是中国革命不能直接进行社会主义革命,而要经过国民革命的阶段;二是促使革命青年热心探讨产业落后国家如何进行苏维埃政权建设。山西"抗税"革命青年乔刚深受恽代英的影响,积极摸索落后半殖民地国家的经济建设,为新中国成立初期国民经济的建设提供了重要借鉴。

第二,探寻改造社会的根本道路规律。对于改造中国之路,长期以来,存在着改良与革命之争。所谓改良就是不从根本上改造社会,而是通过局部的改造达到中国走上现代化之路。实践已经证明,改良之路在中国根本走不通,最终成为复兴中华之路的障碍。所谓革命就是用阶级斗争的手段,实现彻底的改造。革命之路使中华民族获得了解放,成为中国走上现代化的正确之路。对此恽代英发表了《学术与救国》《八股?》《再论学术与救国》《关于政治运动的八问题》《国民革命与阶级斗争》等文章来阐述要救国只能走阶级斗争的革命道路的观点,而不是学术改良等道路,帮助青年拨开种种错误救国主张的迷雾。一方面,他批判"单靠技术科学来救国"的主张。他认为这是"不知事情的昏话","技术科学是在时局转移以后才有用,他自身不能转移时局","我们觉得要救中国,社会科学比技术科学重要得多"。② 另一方面,论述要多"研究救国的学术——社会科学"的观点。他指出,"我们定要打破任何学术都可以救国的谬想。……我们最好是自己能多少研究些救国的学术,而且

---

① 张注洪、任武雄编:《恽代英文集》(上卷),北京:人民出版社 1984 年版,第 480 页。

② 张注洪、任武雄编:《恽代英文集》(上卷),北京:人民出版社 1984 年版,第 388 页。

从有这种研究的人那里，去得着相当的指导"，因此，"我以为要投身作救国运动的，应当对于救国的学术下一番切实的研究功夫。"①显然，社会科学比技术科学更适合当时中国革命实际的需要，而这些真知灼见是青年学生所不容易掌握的，而需要恽代英等无产阶级理论家及时灌输并指导的。

同时，宣传阶级斗争对国民革命的作用。首先是阐述阶级斗争存在的事实。针对部分别有用心的人说中国"没有阶级"的谬论，恽代英一针见血地指出，中国存在阶级，"阶级的存在是一件事实。我们不能不承认国民革命；仍然不能不承认阶级的存在"，"中国的确是有阶级，阶级的存在是一种事实"。②承认阶级斗争是国民革命的前提。其次，揭示国民革命的涵义。恽代英在承认阶级斗争的基础上，提出"国民革命是要各阶级能够觉悟，为自身利益团结组织起来。——不要只是空洞的说'保种爱国'，因为只有为自身利益奋斗，最能使人勇敢而不妥协"。所以，他认为"国民革命是要各阶级为自身的利益团结组织起来奋斗"，具体地讲，就是"一方面要使民众觉悟为自身的利益去奋斗，一方面要使民众组织团结起来"，而怎样使民众"觉悟"和"团结"，他思考的答案就是"宣传民众，组织民众"，使各阶级认清自己"所处的地位如何"，最终就能得出"国民革命是各阶级联合的革命。但阶级还是存在，仍然有阶级斗争"的认识。③总之，恽代英把自己深厚的无产阶级理论知识，毫

---

① 张注洪、任武雄编：《恽代英文集》（上卷），北京：人民出版社1984年版，第447页。

② 张注洪、任武雄编：《恽代英文集》（下卷），北京：人民出版社1984年版，第33、834页。

③ 参见张注洪、任武雄编：《恽代英文集》（下卷），北京：人民出版社1984年版，第834、835、838页。

不保留地传播给后来者，武装他们的头脑，让他们在腥风血雨中迅速成长起来，成为革命的真正栋梁。

第三节 在土地革命战争时期的传播

土地革命战争时期，恽代英把马克思主义革命圣火主要播种在广东、福建地区，为南方沿海地区马克思主义传播做出了杰出的贡献。该时期他传播马克思主义的最重要渠道是《红旗》杂志。1927年10月，恽代英担任广东省省委秘书长和宣传委员，并负责主编省委机关刊物《红旗》，该刊为半月刊，主要受众对象是工农兵群众。因此，他要求文字必须浅显易懂、切实有味，而本人亦是该刊的主要撰稿人。1928年夏，恽代英调往上海，任中国共产党中央宣传部秘书，并主编中国共产党中央机关刊物《红旗》。据笔者不完全统计，从"七一五"政变到他牺牲的近5年时间内，共发表论文56篇，光在《红旗》上刊登的文章有47篇，占84%。可见《红旗》是他土地革命战争时期宣传马克思主义的主阵地。综观这一时期的传播，主要包括以下几点内容：

第一，传播工农苏维埃政权执政思想。恽代英通过一方面学习俄国苏维埃政权建设的经验，一方面视察闽西苏维埃政权建设，撰写了《苏维埃的建立》《请看闽西农民造反的成绩——福建通信》《闽西苏维埃的过去与将来》等文来介绍工农红军苏维埃执政经验。首先，热情地歌颂朱德毛泽东领导的农民暴动取得了前所未有的成绩。最大的成绩就是朱德毛泽东领导的"土共"暴动居然"造反"成功，"造反"就是推翻旧政权，建立起新政权，农民自己当家做主，用恽代英的意思就是"要闹一个天翻地覆，把全世界翻转过来"。具体地讲,就是"赶走了国民党","成立了苏维埃政府"。①这在当时算是开天辟地的大事,闽西取得苏维埃局部执政的成功案例,使恽代英看到了黎明的曙光,更加坚定了新民主主义革命必然胜利的信心。其次的成绩是摸索出了局部执政管理的经验。有效的办法之一就是采用民主讨论法。对于农民最敏感的土地分配问题,闽西的做法是开"群众大会自己讨论,自己定出分配的标准,自己指定调查并照料分配的人","这样的群众大会或代表大会,便是他们的政府","便叫做苏维埃"。② 这种召开群众代表大会的做法适合中国特殊的国情,彰显了民主集中制的雏形,为中国共产党成为执政党之后的国家管理提供了很好的借鉴模型。总之,"闽西工农群众靠苏维埃政权训练了自己","已经懂得有转变到按劳动力分配土地的必要","亦已经从经验获得许多改进"。③

其次,冷静指出苏维埃作为执政党还存在一些问题。"第一个重要缺点是群众的创造力还未能充分发展,苏维埃一切政治设施还表现很多自上而下的精神。例如办理合作社、俱乐部、列宁学校等,都是由县苏维埃乃至各县联席会讨论规定办法,交各乡执行";"第二个重要缺点是还不能坚决集中一切力量向外发展,农民很多武装还停留在地方性的赤卫队手中,不能自由集中调度。"而这些问题都是由于闽西执政经验不足造成的,"闽西苏维埃决不掩讳自己的缺点,自然这亦是绝对没有掩讳的必要",这恰说明闽西苏维埃实事求

---

① 张注洪、任武雄编:《恽代英文集》(下卷),北京:人民出版社1984年版,第1064、1065页。

② 张注洪、任武雄编:《恽代英文集》(下卷),北京:人民出版社1984年版,第1066页。

③ 张注洪、任武雄编:《恽代英文集》(下卷),北京:人民出版社1984年版,第1070页。

是的自我认知，并拥有独立化解问题的能力。他进而理性地评价道："工农群众在阶级敌人的长期统治与欺骗宣传之下，现在还是第一次建立自己的政权，自然不会一件件事都做到尽善尽美的，工农群众现在已经有机会自己试验，自己批评，并且随时改正自己的缺点。"① 显然，这个评价公正客观而又合情合理，充分展示了闽西执政党理论自信和领导自信。总之，恽代英对红色革命政权的传播，进一步扩大了红色政权的影响，客观上推动了农村包围城市道路规律摸索的进程，为新民主主义革命基本规律的形成起到重要的促进作用。

第二，批判国民党改组派的阶级欺骗本质。国民党改组派是资产阶级内部兴起的"一种欺骗群众的新旗帜，这一新旗帜便是所谓改组派的政治主张"②。他们打着反对蒋介石的旗号，批判蒋介石的专制和卖国，实际上"这不只是一种战争的借口，这表示资产阶级一种新的欺骗群众的企图"③。恽代英深刻地指出改组派的实质，"改组派亦不会比蒋介石有一丝一毫高明的地方，无论是谁获得了战争的胜利，中国的问题是一样不能解决，中国永远不能脱离破产扰乱的运命"④。因此，他提出，"要在反对军阀战争中间揭破改组派

---

① 张注洪、任武雄编：《恽代英文集》（下卷），北京：人民出版社 1984 年版，第 1071、1072 页。
② 张注洪、任武雄编：《恽代英文集》（下卷），北京：人民出版社 1984 年版，第 1053 页。
③ 张注洪、任武雄编：《恽代英文集》（下卷），北京：人民出版社 1984 年版，第 1053 页。
④ 张注洪、任武雄编：《恽代英文集》（下卷），北京：人民出版社 1984 年版，第 1053 页。

的欺骗作用。群众再不要陷入资产阶级欺骗的网罩。"① 从而淋漓尽致地揭破资产阶级改组派的欺骗嘴脸,帮助民众认清改组派的反动本质,有利于劳农兵统一战线的巩固。

第三,抵制李立三的"左"倾错误。事实上,"李立三从1929年底至1930年9月的时期里实际上领导了中国共产党中央政治局"②。他坚决贯彻执行共产国际的"第三时期理论",认为中国的工人运动高潮已经到来,准备在全国范围内发动暴动,夺取革命政权,这就是立三"左"倾路线。这一路线的一个极大危害就是极有可能葬送费尽心血组建起来的中国共产党革命组织。恽代英是率先站出来反对立三"左"倾路线的人,"他严肃地批评了立三同志对于形势的错误估计,批评他不作阶级力量的对比,批评他违反革命发展不平衡的原则,这是不可容许的盲动主义,这是儿戏。暴动,是极其严重的政治错误"③。尽管在1930年2月的中国共产党福建省第二次代表大会通过了执行立三军事方案的报告,但在具体工作部署上,福建省委又制定了一系列比较正确的方针,原因之一是恽代英作为中央代表带头抵制立三"左"倾错误,使福建地方工作不至于错得离谱,挽回了党内损失。但遗憾的是,恽代英本人却受到了李立三的打击报复,被调离中央,放在了没有任何保护措施的白色恐怖地区工作,直到被捕。在抵制立三"左"倾路线的过程中,恽代英用实际行动演绎了什么叫坚持唯物史观、什么叫实事求是,可

---

① 张注洪、任武雄编:《恽代英文集》(下卷),北京:人民出版社1984年版,第1053—1054页。

② 中共中央党史研究室:《第一研究部联共(布)、共产国际与中国苏维埃运动(1927—1931)》第9卷,北京:中央文献出版社2002年版,第12页。

③ 转引自李良明、钟德涛:《恽代英年谱》,武汉:华中师范大学出版社2006年版,第359页。

以说,他是把马克思列宁主义普遍真理同中国革命实践相结合的典范。

总之,恽代英对马克思列宁主义不遗余力的传播,使诸多民众特别是进步青年在恽代英的感召下,向马克思主义靠拢,参加到土地革命斗争中去。同时,在传播的过程中,他始终强调马克思主义要"根据中国的情形"①,用中国的办法解决中国的问题,这为马克思主义中国化提供了方法论和实践基础,为"中国特色理论形态"的形成奠定了思想基石。

---

① 张注洪、任武雄编:《恽代英文集》(上卷),北京:人民出版社1984年版,第480页。

第三章 恽代英对中国特殊社会性质、社会结构和统一战线的探索

早期马克思主义中国化（1922—1927）的理论成果——毛泽东思想的萌芽，是指新民主主义理论的基本思想。它包括对中国半殖民地半封建社会性质的本质界定、对新民主主义革命的性质、任务、对象、动力、道路和建立统一战线等这一系列最基本问题的探索等等。而恽代英思想作为毛泽东思想的重要组成部分，为早期马克思主义中国化烙下鲜明的时代痕迹和民族特色，特别是他为长江中下游地区的马克思主义与中国的"实境"具体相结合做出了卓越的贡献，为马克思主义中国化的辉煌历程留下了浓妆重抹的一笔。可以说，他不仅是湖北武汉地区的马克思主义中国化的先驱，亦是我国马克思主义中国化史上的一名猛将！从本章开始，笔者将具体探讨恽代英对马克思主义中国化的突出贡献，即"化"的"中国特色理论形态"。

第一节 对中国特殊社会性质的探索

对中国社会性质的分析是把握一切革命问题的基础和前提，为此早期中国共产党人经历了一段漫长的摸索过程。对我国社会性质

第三章　恽代英对中国特殊社会性质、社会结构和统一战线的探索

的定位从最初的"完全殖民地"到"公共殖民地"再到"半殖民地"到最后"半殖民地半封建"的科学提法，早期中国共产党人一步步摸索到马克思主义革命真理，继而为寻找中国新民主主义革命规律打下了坚实的基础。

一、对社会现状的分析

（一）对国内社会现状的分析

1. 大革命时期的国内现状

恽代英主要运用唯物史观和阶级分析方法来深刻剖析中国社会现实。他撰写了《民治运动》《苏州大会宣言》《中国社会革命及我们目前的任务》等文章，并以《中国青年》为舆论阵地，撰写了大量针砭时弊的论文，占据着革命文化前沿。可以说，这个时期是恽代英关于社会性质探讨最活跃的时期。

第一，在经济层面，透彻剖析中国半殖民地社会形态的本质。与艰难探索中国社会的半封建性质不同，早期中国共产党人对帝国主义侵略中国的半殖民地性质定位异常清晰而明确。早在中国共产党二大宣言中就开宗明义，"帝国主义的列强在这八十年侵略中国时期之内，中国已是事实上变成他们共同的殖民地了"①。而中国共产党的机关报刊《向导》在其发刊词上也旗帜鲜明地指出："在这样国际帝国主义政治的经济的侵略之下的中国，在名义上虽然是一个独立的共和国，在实质上几乎是列强的公共殖民地。"②"共同的殖

---

① 中央档案馆编：《中国共产党中央文件选集》第一册（1921—1925），北京：中共中央党校出版社1982年版，第67页。
② 中央档案馆编：《中国共产党中央文件选集》第一册（1921—1925），北京：中共中央党校出版社1982年版，第83页。

民地""公共殖民地"就是指帝国主义在华掠夺大量的资源和劳动力及输出其产品的"新式的殖民地",即随后出现的"半殖民地"①概念。因此,早期中国共产党人都曾反复引用该词,从不同角度论证了中国的半殖民地性质。恽代英主要从两个方面来论述中国的半殖民地社会现状。

一方面,解剖中国受盘剥的经济惨状。恽代英指出:"中国自鸦片战争以后,屡遭挫折,满清政府愚弱不知外交,至使列强得乘以劫制中国,订定许多不利的条件,以束缚中国的发展。如租借既成为变形的割让,复因外人享有领事裁判权,不受中国法庭判决,致使坐视外人私运军火,助长匪乱,无法加以遏制;海关税则,复须受外人协定的约束,不能视自国的利益以为擅改;而海关主权亦旁落于客卿之手,税款的拨付,全成了客卿独揽的大权。"②帝国主义列强对中国的经济侵略被恽代英看得真切,批得透彻,特别是其对我国的关税盘剥一直是恽代英关注的一个重点民生问题。

该时期,恽代英利用《中国青年》这个舆论舞台,把它变成与广大青年零距离对话的平台,深刻反映着人们生活实际的最前沿。他在答李显衫、李熙绩、陈廷栋三君的《生活,知识与革命》中,回答了学生为什么"受经济的压迫"的普遍问题,是因为"我们中国在外国经济压迫之下,一国的农工业归于衰败,逼使全国的人都聚在很狭隘的政治、军事,或教育中间谋生活。中国的财政,既须每年以三分之一弱赔付给外国人,又须以三分之一强作军阀养兵之

---

① 资料显示,"半殖民地"一词由列宁创造,中国共产党二大之后就开始在中国正式出现。比如,陈独秀于1923年4月25日在《向导》第22期上发表的《资产阶级的革命与革命的资产阶级》一文中已经反复用到了该词条。

② 张注洪、任武雄编:《恽代英文集》(上卷),北京:人民出版社1984年版,第457—458页。

用，余剩很少的，还要除去为军阀官僚侵吞去的许多以外，这才是那些不愿意，或者够不上为军阀官僚奔走服役的人们所能分享的款子"①。这段话非常精辟地阐述了民众如何被盘剥的事实，他用国际的眼光指出了民众生存的空间仅有"政治，军事，或教育中间"的余地，一针见血地指出了民众生存受排挤、压制的本质，突出了我国半殖民地，即半资本主义的特点，即一面封建的经济制度还起主导作用，另一面产生了资本主义，而这种资本主义具有帝国主义侵略的性质。

另一方面，分析帝国主义和封建主义勾结阻碍民族资本主义的发展。恽代英指出，外资压迫是中国民族资本主义无法发展的根本原因。他说："我从前在武昌办书社工厂，都是一种实验；然而都失败了。许多原来在工商界的都已为外资压倒，而逃入于军政学界……要救自己，只有先打倒外资的压迫，给本国产业以自由发展的机会。"② 因此，恽代英看到了资本主义的双重特点，和帝国主义经济侵略的掠夺实质，使他更加清醒地看到反对帝国主义的紧迫性和必要性。他如此细致入微的分析，恰恰反映了其扎根于实践的辩证实践思维模式，这种思维范式即使在 21 世纪的今天仍然具有创新意义而大力提倡，由此可见他思想的前瞻性。

第二，在政治层面，逐步深化对中国半封建社会的认识。在大革命初期，恽代英揭露中国"群雄争长"③ 的军阀割据局面。恽代

---

① 张羽、姚维斗、雍桂良：《恽代英 来鸿去燕录》，北京：北京出版社 1981 年版，第 195—196 页。

② 张羽、姚维斗、雍桂良：《恽代英 来鸿去燕录》，北京：北京出版社 1981 年版，第 196 页。

③ 张注洪、任武雄编：《恽代英文集》（上卷），北京：人民出版社 1984 年版，第 337 页。

英用笔为武器,狠狠地戳穿反动军阀这个"纸老虎"。他在《民治运动》中揭露了中国"群雄争长的局面"的实况,"革命的结果,事实上已经把皇帝的尊严这个偶像打破了,只得挂个民治政治的招牌出来,因为人民都还不知怎样过民治生活,所以把皇帝的偶像打破了,在民治招牌之下,徒然造成了群雄争长的局面"。① 继而在起草少年中国学会苏州大会的大会宣言中进一步总结民国以来的社会惨况,即"我中华民国创造迄今,已十二载。然而内政日益紊乱,外交日益险恶。因经济的压迫,兵匪的纷扰,民生既日窘迫,民气亦渐消沉"。② 1924年,他在《中国的现状》一文中再次深入论述我国的现实,即军阀割据"盗匪遍地","兵匪不能消弭,军阀的祸患永远不能消弭"。③ 这些激荡文字无不透出恽代英的忧国之情,即"中国的社会情形,政治状况,说起来不是令人肉麻,便是令人心痛"④及救国之心,即"我们要联合努力,打破现状。要推倒一切掠夺阶级,要建造自由幸福的社会"⑤。

在大革命中后期,恽代英逐渐认识到国内反动阶级的复杂性。随着恽代英领导的工农运动的经验不断积累,令他更加清醒地看到国内反动阶级的复杂性、迷惑性和欺骗性。他在《国民革命与阶级斗争》《工农商学联合政策》《世界革命与中国革命》等文章中论述

---

① 张注洪、任武雄编:《恽代英文集》(上卷),北京:人民出版社1984年版,第337页。

② 张注洪、任武雄编:《恽代英文集》(上卷),北京:人民出版社1984年版,第357页。

③ 恽代英:《中国的现状》,载《中国青年》第32期,1924年6月14日。

④ 张注洪、任武雄编:《恽代英文集》(上卷),北京:人民出版社1984年版,第364页。

⑤ 张注洪、任武雄编:《恽代英文集》(上卷),北京:人民出版社1984年版,第364页。

了复杂的国内局势。这些文章使笔者看见"买办阶级"这个新词的出现。他在《国民革命与阶级斗争》中讲到:"军阀买办阶级通常是反革命的,有时因与帝国主义者利害冲突,或为民众势力所鼓荡,亦可相当的赞助革命,但他们常易因利害关系欺卖民众","上海买办阶级也能相当的赞助革命运动,但叫他去和帝国主义奋斗,是不可能的,是靠不住的"。①

买办阶级的特点主要包括经济买办和政治买办。经济买办表现在经济上,军阀与帝国主义勾结,成为帝国主义在华利益的代言人。恽代英指出:"买办阶级指一般直接与外国资本有关系的大商人、银行家、工厂主","他们的地位等于是帝国主义的经手人","他们与总税务司英人相勾结,借整理内政之名,朋分海关税收。他们利用北京军阀急需财款,得进为财政总长,退为银行经理。惟视自己利之所在,操纵公债,扰乱民生。垄断商会,冒称商界全体,进而与军阀勾结助其压逼人民。因循怯懦,自高身价,且只知自己的利益,在每个爱国运动中,总不与多数人民合作,或中途卖掉多数人民,以见好于军阀、帝国主义。为自己利益,反对农工组织,更反对一切改良农工生活之运动"。② 这段精辟的文字论述了买办阶级的定义、地位、特点、表现形式以及终极目的,淋漓尽致地揭露了买办阶级依附于帝国主义势力,为帝国主义所豢养,是帝国主义剥削本国人民的工具和奴才。

政治买办表现在政治上,军阀与帝国主义狼狈为奸,中国的政权被帝国主义所操控。1926年9月,恽代英在中央军事政治学校出

---

① 张注洪、任武雄编:《恽代英文集》(下卷),北京:人民出版社1984年版,第835页。

② 张注洪、任武雄编:《恽代英文集》(下卷),北京:人民出版社1984年版,第900页。

版的政治讲义《政治学概论》中系统地归纳了当前复杂局势："目前中国的政治，乃帝国主义者与其走狗互相勾结，以统治中国被压迫各阶级之术（公使团、北京政府、军阀、买办阶级之治术）。"①这里，虽然恽代英没有直接说明中国政治的买办性，但已经明确地表达了买办勾结的政治思想，即中国的政治现状是帝国主义与走狗互相勾结，压迫阶级如公使团、北京政府、军阀就是代表了帝国主义利益的"走狗"，已经具备了买办阶级的买办特点。是年，由国民革命军第一军第三师政治部出版的《世界革命与中国革命》的讲演大纲中，恽代英第一次正式地提出了买办阶级的概念，并把它放在与帝国主义、军阀和土豪劣绅的高度，一起作为"压迫中国民众的最大势力"，这标志着他对我国半封建社会性质的认识初步形成。

第三，在文化层面，无情鞭笞帝国主义的文化侵略。作为一名战斗在一线的文化革命者，曾主编过《中国青年》、国民党改组期间刊物《新建设》及广东省委机关刊物《红旗》半月刊，他更深层看见文化对国民的渗透性。他在《反对帝国主义的文化侵略》中集中系统地论述了帝国主义文化侵略的现状及本质。

首先，什么是文化侵略？"我们说的文化侵略是指的帝国主义者一种软化驯服弱小民族的文化政策。"②

其次，文化侵略的表现何如？"中国自鸦片战役以后，帝国主义者以武力与政治势力逐渐推行其经济侵略"，"他们一方面这样做，一方面便同时进行他们的文化侵略的阴谋"，"现在传教外人在全中国约八千人，遍布于各省会都市县城。他们在各地设立教会，用种

---

① 张注洪、任武雄编：《恽代英文集》（下卷），北京：人民出版社1984年版，第858页。

② 张注洪、任武雄编：《恽代英文集》（下卷），北京：人民出版社1984年版，第823页。

种方法招收教徒，全国耶稣教会领圣餐的三十余万人，选员六十余万人，天主教徒约二百万人"，"再加各国利用庚子赔款津贴收买的留学生，及服役于外人商店、工厂、学校，及外人掌理之海关、邮局下的中国人，总共当有四百万人以上，皆受帝国主义直接间接之所豢养与蒙蔽，每不知或不敢反抗帝国主义。故此四百万以上之中国人，无异为帝国主义者的文化政策所收买，而失掉了他们的民族精神，文化侵略之结果真是可怕啊！"①

最后，文化侵略的本质是什么？"使弱小民族忘记反抗复仇的心理"，"只有文化侵略可以有软化驯服弱小民族的妙用，使弱小民族以受大国'怀''柔'之统治为莫大的光荣，帝国主义者，因此乃能巩固他对弱小民族的统治地位"。② 通过对文化侵略的全面论述帮助青年拨开了帝国列强文化教育的迷雾，认清了文化侵略的本质。

综观恽代英的宣传轨迹，他主要从两个方面来进行反帝国主义文化侵略斗争的。第一方面，揭露基督教的文化侵略实质。恽代英是较早关注到基督教反动文化侵略的早期中国共产党人之一。早在1923年，他在《基督教与人格救国》《我们为甚么反对基督教？》等文中论述了基督教的反动本质，即"基督教实在只是外国人软化中国的工具"③。在当时，"一切基督教徒互相钩结，而又与外国人相钩结，显然成了一种势力，他们霸占教育界，霸占外交界。他们靠外国人升官发财，外国人靠他们夺取中国的权利"，"他们借着外人

---

① 张注洪、任武雄编：《恽代英文集》（下卷），北京：人民出版社 1984年版，第 824—825 页。

② 张注洪、任武雄编：《恽代英文集》（下卷），北京：人民出版社 1984年版，第 824 页。

③ 张注洪、任武雄编：《恽代英文集》（上卷），北京：人民出版社 1984年版，第 396 页。

的势力,办了学校,不受中国教育部的管辖。他们无忌惮的各处办他们的什么'归主运动'"。① 因此,"基督教所以在中国还能象今天这样盛行,完全因为它是帝国主义者的工具"②,是帝国主义在华的"洋教"。

他于1926年5月在岭南大学作了演说《耶稣、孔子与革命青年》,通过比较耶稣与孔子的异同,来揭露基督教反革命的本质。"要对付这些压迫人的人,孔子的'劝'的法子是不中用的,耶稣的'骂'的法子亦是不中用的,对于这种人只有用我们革命党'打'的法子","基督教徒中虽然确实有若干好人,然而这些好人对于中国做不出甚么切实的事情","自己不革命,而且亦劝人家不要闹革命的事情,天天教人家礼拜祷告,引诱许多人脱离了打倒帝国主义、打倒军阀的革命战线"③。其反革命的阴谋可窥见一斑。因此,"外国人办的学校越发达,便会使反对帝国主义的人越少,便会使我们中国人的民族精神,越受损失"④。原来,帝国主义通过基督教的传教,来逐步侵蚀中国人的精神和灵魂,最终使国人丧失民族精神,从文化源头打垮中国。

第二方面,揭示帝国主义文化侵略的目的。恽代英指出,帝国主义通过"去中国化"的国民教育,来"堕落"中国民族精神,以

---

① 张注洪、任武雄编:《恽代英文集》(上卷),北京:人民出版社1984年版,第395页。
② 张注洪、任武雄编:《恽代英文集》(上卷),北京:人民出版社1984年版,第558页。
③ 张注洪、任武雄编:《恽代英文集》(下卷),北京:人民出版社1984年版,第817、818页。
④ 张注洪、任武雄编:《恽代英文集》(下卷),北京:人民出版社1984年版,第820页。

达到文化侵略的目的。恽代英指出今日中国学校教育的现状,"国内教育不注重国文、史、地,而只知使学生疲精劳神于数学、外国文,这实在是很怪诞的现象。国内布满了自己离异、自己菲薄的论调,亦实在使一般国民爱国的心理,有逐渐坠落的可怕倾向"。① 国家主义派鼓吹的"去中国化"、采用西方化的教育理念,使"国人崇拜欧美而妄自菲薄"②,这种崇洋媚外的态度自然淡化国人的爱国心理,其反动腐朽之心昭然若揭。因此,恽代英呼吁"吾人必须在经济上得着独立,中华民族乃能独立,中华民族的精神,乃得完全恢复常态"③。这在客观上,亦驳斥了国家主义派的教育救国论调。可以说,帝国主义的经济侵略结合其文化侵略,加剧了灾难深重的中国沦为半殖民地半封建社会的惨况。

2. 土地革命战争时期的国内现状

"1927年大革命失败后,中国共产党所领导的人民革命斗争进入最艰苦的年代。这就是土地革命战争时期。蒋介石和汪精卫既已相继背叛革命,实行'清党'和'分共',中国国民党也就变成由代表地主阶级和买办资产阶级利益的反动集团所控制的政党","国民党各派新军阀和政客既互相勾结,又为争夺最高权力互相争斗,以至兵戎相向"。④ 除此以外,国内的革命形势发生了巨大逆转,反

---

① 张注洪、任武雄编:《恽代英文集》(上卷),北京:人民出版社1984年版,第403页。

② 张注洪、任武雄编:《恽代英文集》(上卷),北京:人民出版社1984年版,第399页。

③ 张注洪、任武雄编:《恽代英文集》(上卷),北京:人民出版社1984年版,第405页。

④ 中共中央党史研究室:《中国共产党历史》第一卷(1921—1949)上册,北京:中共党史出版社2011年版,第225—226页。

革命浪潮一浪高过一浪，中国共产党在白色恐怖的"围剿"包围下，开创了革命根据地，克服了重重困难，取得了反"围剿"的胜利。与此同时，幼年的中国共产党经历了以陈独秀为代表的右倾机会主义、共产国际"左"倾以及李立三"左"倾冒险主义和王明"左"倾教条主义等错误的重创，使党损失惨重，几乎危在旦夕，尽管如此，中国共产党仍以顽强的生命力在不屈不挠的斗争中战胜艰难险阻，最终取得民族独立解放。

土地革命战争时期，恽代英对中国社会的现状有了进一步的认识。

第一，在政治层面，揭露蒋介石集团统治的反革命面目。恽代英在《卖国交易中资产阶级与豪绅买办阶级的斗争》《什么时候中国才可以统一太平？》《革命不成功中国不得太平》等文，专门论述了以蒋介石为代表的南京政府统治中国的反动局面。"国内现在已经是民穷财尽，尤其是占中国人口一半以上的贫农，受军阀的苛税与地主的重租等剥削，平时已经差不多连维持最低生活的钱都没有"；"中国资产阶级亦一定要依靠军阀的苛税来维持自己的政权，要依靠勾结帝国主义，与地主买办势力妥协，来压迫工农的革命运动"。[①] 原来，蒋介石代表的南京政府跟北洋军阀一样反动且不说，其欺骗、反动的本性比北洋军阀更甚，所以，他才得出"南京政府本来一向便是资产阶级与豪绅买办阶级合伙经营的反革命商店，他们的营业项目是屠杀工农，剥夺人民权利，出卖国家"[②] 的结论。

应该说，一方面，恽代英看到了蒋介石集团的反革命政治面目

[①] 张注洪、任武雄编：《恽代英文集》（下卷），北京：人民出版社1984年版，第1037、1038页。

[②] 张注洪、任武雄编：《恽代英文集》（下卷），北京：人民出版社1984年版，第1019页。

是十分正确的。此时的国民政府已经背弃了孙中山先生的三民主义政治理想，转变成了代表封建地主阶级和官僚买办大资产阶级利益的政党。但是，另一方面，稍微翻阅恽代英这一时期的文字，细心的读者就会发现他的失误之处，即处处宣传"打倒资产阶级"的口号。换句话说，他把此时的国民政府定位成"中国资产阶级"，把蒋介石定性成"卖国求荣的军阀，他所代表的民族资产阶级，不过是帝国主义的一种新工具而已"①。那么，在他看来，官僚买办资产阶级、民族资产阶级及小资产阶级没有区分，都统称为资产阶级，是一并都要打倒的对象，因此，他才提出"我们要我们的自由，要建立我们工、农、兵士、贫苦民众自己掌握政权的国家，打倒一切反革命的民族资产阶级与买办地主阶级"②的主张。这说明恽代英误判了当时国民政府的性质，提出了错误的政治主张，事实上蒋介石集团并不代表民族资产阶级，而是代表前面提到的官僚买办大资产阶级，这表现了其局限性的一面。

实际上，恽代英早在1924年的时候就已经关注到国民党的复杂性，尤其是看到了其改组后的内部分裂问题，还专门作文《国民党左派与共产党》来阐述国民党左、右派与共产党的关系，指出国民党左派是我们合作的对象，而右派破坏国共合作，是我们打击的对象。为什么这么先进的思想在后来发生改变，对国民党完全一刀切呢？这其中的一个原因恐怕是因为共产国际"左"倾错误理论指导的缘故吧。1927年11月，中国共产党中央在上海召开临时政治局扩大会议，"会议接受罗米那兹的'左'倾观点，认为蒋介石的叛变

---

① 张注洪、任武雄编：《恽代英文集》（下卷），北京：人民出版社1984年版，第1052页。

② 张注洪、任武雄编：《恽代英文集》（下卷），北京：人民出版社1984年版，第1042页。

就是整个民族资产阶级的叛变,汪精卫的叛变就是小资产阶级的叛变,因而提出在反帝反封建的同时,还要反对民族资产阶级和上层小资产阶级"①。决议内容对于时任中国共产党广东省委常委和宣传委员的恽代英而言,"对于中央命令,自应绝对服从"②,自然要贯彻宣传"蒋介石的叛变就是整个民族资产阶级的叛变"的错误主张,因此,在《红旗》媒体上出现的对蒋介石集团是"民族资产阶级"性质误判、要全部打倒的错误表述就不足为奇了。从这个侧面也正好反映共产国际对它的"支部"——中国共产党垂直领导的双重性影响。所以,我们对恽代英关于国民党性质的误判并不应该用今天的意识形态和价值观来评价,而是应该把其回到当时的历史环境和语境之中来客观理性评价,这才不失为对历史的公允,这才是我们尊重历史的治史原则。

第二,在经济层面,抨击蒋介石集团的虚伪经济建设提案。恽代英赤裸地拆穿了国民党的阴谋,揭露了国民党三大通过的经济建设案,"很明显是借了'造产'、'建设'等好听的名字,说几句以全国税收一半充建设费的空话,实际却是要借此'尽量吸收外资'。并且设一种'经济设计委员会',使帝国主义者可以直接派'经济专家'参加'为委员或顾问',以操纵支配中国经济"③的虚伪本质。前面提到,关税问题一直是恽代英关注的重点,他曾撰文《革命政府与关税问题》《中国民族独立问题》《关税自主与工农生活问

---

① 中共中央党史研究室:《中国共产党历史》第一卷(1921—1949)上册,北京:中共党史出版社2011年版,第250页。

② 张注洪、任武雄编:《恽代英文集》(上卷),北京:人民出版社1984年版,第350页。

③ 张注洪、任武雄编:《恽代英文集》(下卷),北京:人民出版社1984年版,第1039—1040页。

题》《卖国殃民的"关税自主"》等探讨该命题。可以说，他是我国深入研究该问题为数不多的早期中国共产党人之一。透过对该问题的精辟论述，使我们更加看清了帝国主义经济侵略的手腕及实质。

恽代英较系统地阐述了中国关税的现状、原因及解决之道。他指出："中国已成了殖民地，这是实在的。恭维一点说，中国已成了半殖民地的国家了。""海关是一国的经济命脉所赖，有哪一个国家的海关权是操在外人的手里呢？中国独是不然，中国的海关权完全操在外人手里，自己一些些也做不来主的。"① 为了说明我国海关的沦丧，他进一步陈述事实：我国"没有自由制定关税的权力，外货就肆无忌惮地源源进来"，"除了值百抽五的海关税外，再出百分之二点五的子口半税或叫落地税，就可运往中国任何各地，不论原箱或是分装杂货箱内，再也不受任何地方任何厘卡的抽税了。至于中国货，就是在国内运输，要缴纳许多厘金，平均起来，所纳税额常常要高出外货数倍以上"，"据海关报告，每年有几千万银两的米和布匹自外国输入，总计全年输入与输出相抵之后，输入超过输出竟达三万万银两"。② 可见，没有关税的保护，中国民族经济很难发展起来，"关税不改良，厘卡不废除，中国实业是断然没有振兴之望的"③。而关税的核心是关税税率，但"完全是一种协定制度"，"象我国这种办法，现在是全世界唯一无二的奇怪制度"，"我们的关税，却成了帮助人家经济的侵略，以损害自己的东西。我们不但不能用

---

① 张注洪、任武雄编：《恽代英文集》（上卷），北京：人民出版社1984年版，第541页。
② 张注洪、任武雄编：《恽代英文集》（上卷），北京：人民出版社1984年版，第542页。
③ 张注洪、任武雄编：《恽代英文集》（上卷），北京：人民出版社1984年版，第543页。

关税政策抵制外国的经济侵略，我们现有的关税制度，正是国际资本主义征服中国最重要的武器。"① 在入口税上，我们"受英人劫制，对于一切货物均定为值百抽五的税率"；在出口税上，"亦与入口一例，纳值百抽五之税"，而且还加课税，"课税之率，又是固定的均一制"。② 而且对本国货物内部疏通还要加复进口半税，从根本上打击压制了中国民族经济的发展。

那么，关税协定到了国民政府统治时期是否就废除了呢？其实不然，事实上，不仅没有得到缓解，而且还加剧了海关自主权的沦丧程度。国民政府于1928年照会各国，"将于明年二月一日实行关税自主，而且公布了新的入口税率"，"然而所谓新的入口税率，实际只是北京政府与帝国主义者'协定'的一种过渡税率"；"所谓关税自主呢？他实际是采用一种协定的税率，无所谓自主可言，而且订定了许多最惠利益的条约，完全束缚了自己，使无一点自由运用关税政策之余地。"③ 恽代英看到了问题的实质，他抽丝剥茧道，"国民政府在关税自主名义之下实际断送关税主权的黑幕，我们应当起来打倒这种卖国的国民政府"。④ 多么可怕啊，原来国民政府用更具迷惑性、更虚伪的"关税自主"的口号来糊弄民众，一则可以挡住部分不明真相民众的口舌，二则可以忽悠民众更加效忠国民"朝

---

① 张注洪、任武雄编：《恽代英文集》（上卷），北京：人民出版社1984年版，第421页。

② 张注洪、任武雄编：《恽代英文集》（上卷），北京：人民出版社1984年版，第421—423页。

③ 张注洪、任武雄编：《恽代英文集》（下卷），北京：人民出版社1984年版，第1014页。

④ 张注洪、任武雄编：《恽代英文集》（下卷），北京：人民出版社1984年版，第1015页。

第三章　恽代英对中国特殊社会性质、社会结构和统一战线的探索

廷",其欺瞒之心可恨、伪善之心可诛!

有必要说明的是,大凡有过阅历的人都知道伪善比欺压更可怕。欺压是可以在日积月累中"日久见人心"的,自然就知道如何反抗;而伪善由于其高明的宣扬、虚伪的言行特别是善良的包装来示人,一般很能够媚惑人,在沙泥俱下时候,民众有可能一生都无法识别,直到被完全奴役,这恰恰是国民政府腐败统治的精明手腕。恽代英作为革命浪潮的时代精英,除了有效甄别反动统治的真伪以外,他更有强烈的责任感和使命感来帮助善良的民众真实认知社会,共同反抗强权。

他痛斥卖国殃民的"关税自主","简直是替帝国主义打算盘,他何曾砍断了那关税协定的毒蛇,反转是将那一条蛇缠绕得更紧了!他何曾关门拒绝虎狼,反转是大开其门欢迎虎狼进来了!他何曾使我们脱离虎口,反转是将我们更送进虎口去了!"① 因此,他寻求的关税自主解决之道是"根本的办法,那就是民族独立了。要求民族独立,必须抵拒列强的侵略"②。具体地讲,"用民众自己的力量无条件的收回关税自主,根本否认对帝国主义国家一切最惠利益的条约,根本否认对他们的一切债务,与全世界无产阶级及被压迫民族联合起来,与帝国主义作一死战"。③

（二）对国际社会现状的分析

第一次世界大战以后,世界出现了两大对立阵营:一个是以苏

---

① 张注洪、任武雄编:《恽代英文集》（下卷）,北京:人民出版社1984年版,第1029页。

② 张注洪、任武雄编:《恽代英文集》（上卷）,北京:人民出版社1984年版,第545页。

③ 张注洪、任武雄编:《恽代英文集》（下卷）,北京:人民出版社1984年版,第1015页。

俄为代表的社会主义阵营，另一个是以英美为代表的帝国主义阵营。包括中国在内的世界被压迫民族与苏俄共同建立了反抗帝国主义的联合战线。而帝国主义列强逐渐恢复对东方殖民地或半殖民地的经济掠夺，他们加紧对世界落后民族的包括廉价劳动力、土地等资源的争夺，同时又把那些国家变成其产品、资本输出等倾销地，并培植各自在被掠夺国家的势力爪牙，通过传教、办教会学校等方式使西方殖民文化渗透被侵略民族，从而变成他们终身殖民范围。恽代英常把目光投向国际大势，冷眼旁观西方列强间的瓜分厮杀，逐渐找到破解列强掠夺之道。因此，他的思想在长期革命锤炼中亦具备了国际眼光和世界思维。

他曾一针见血道出帝国主义剥削要害，即"我们都知道外国人是用经济政策侵略中国，我们都知道中国现今在国际帝国资本主义的剥削之下"。① 那么，列强是怎样的侵略态势呢？在中国共产党二大之后，英国、美国、法国、日本的势力甚嚣尘上，争夺在我国的殖民势力范围最为剧烈。他在少年中国学会苏州大会宣言中表示："英、美、法、日挟其帝国主义的淫威，干涉税务，勒派赔款，劫制政局，欺蔽人民，以至一国政治、经济的大权，俱为外人所掌握，而国民的思想言论，亦不自觉的渐奴服于国际势力之下。近年以来，财政共管的呼声，已渐不闻国民激昂的反抗；而外力干涉的论调，甚至于且渐受一般无识者的欢迎。"②

大革命前期，列强争夺的局势发生了变化，法国被打压下去，英国、美国、日本仍然争夺剧烈，各国在中国的债权和商业利益相

---

① 张注洪、任武雄编：《恽代英文集》（上卷），北京：人民出版社1984年版，第416页。

② 张注洪、任武雄编：《恽代英文集》（上卷），北京：人民出版社1984年版，第357页。

差很远，此时的"最大的敌人，是英、美、日本。而英、美、日本，利害亦很不一致"①。1924年3月，他在《世界大势》中对当时世界各大国之间的政治、经济等利益格局进行了精当的分析，他指出："最足以致中国死命的，现在是英、美，再不是日本了。"②"美国靠南美中美，英国靠他的殖民地及远东各国，消（即销）售他们的货物。"③北伐时期，由于长期的各帝国主义国家的内部冲突，利益分配不均，导致"他们现在已经不能够取国际的行动来侵略中国"，"现在最利害的帝国主义，就是英国，我们现在应该首先去打倒他"。④从这个过程的演变来看，各列强之间为争夺各自殖民范围亦存在较深的矛盾，而且争夺得相当剧烈而残酷，这就为北伐提供了契机，因此，他在1926年撰写的《世界革命与中国革命》中道出了殖民地革命运动的"天机"，即"帝国主义国家商货资本之销纳、原料之供给全靠殖民地，殖民地一失，即使帝国主义与其附带之势力根本动摇。"⑤

国民政府统治时期，国民党打着"革命反面具"，名义上打着"独立自主"的外交，实则"欺骗国民"。蒋介石一上台，居然与"德国、美国、法国、英国、比国、意国、葡国、挪威国、丹麦国修订条约，看那些绿眼黄髯的各国公使、领事你来我往，虽然不能比

---

① 张注洪、任武雄编：《恽代英文集》（上卷），北京：人民出版社1984年版，第434页。

② 代英：《世界大势》，载《中国青年》第21期，1924年3月8日。

③ 张注洪、任武雄编：《恽代英文集》（上卷），北京：人民出版社1984年版，第470页。

④ 张注洪、任武雄编：《恽代英文集》（下卷），北京：人民出版社1984年版，第891页。

⑤ 张注洪、任武雄编：《恽代英文集》（下卷），北京：人民出版社1984年版，第903页。

做来朝进贡,却亦总算他们开国时代的一场热闹"①。实为荒唐、腐败至极!事实上,国民政府时期,帝国列强瓜分中国更为剧烈,重新划分势力范围的呼声更高,蒋介石为了排除异己,攫取最高权力,不惜出卖本国利益,与各国示好结盟。比如,南京惨案中,蒋介石"曾公然承认反转向英、美、法、义(即意)等帝国主义道歉,曾公然承认英、美帝国主义开的炮是理由正大的保护炮"②。在济南惨案中,为了对付桂系,蒋介石又求助于日本帝国主义,屈辱的解决济案。

  帝国主义在不同时期对华问题上采取不同的国际政策。恽代英在《为"国民会议"奋斗》中专述了这个问题。他说:"帝国主义宰制中国的企图有三个时期:华盛顿会议以前,他们是要瓜分中国;华盛顿会议以后,他们是要共管中国;但这两个计划,都因为他们在华利害的冲突而不能实现。最近他们是要采取分立政策,各拥护他所接近之军阀以分裂中国。日本在北方,英国在中部,法、比在其他方面,要集中当地军阀之力,由经济的支配权力,进而各造其自己支配的政治机关。但是美国在中国没有独占的势力范围,他的经济势力如余资、余货又特别优裕,他不利于中国的分立,使中国完全堕入日、英、法、比的荷包里;他希望在中国实行道威斯一类的计划。"③ 可见,国际列强的力量对比直接反映在对殖民地国家的掠夺政策上面,哪国的经济势力强或国际社会影响力大,哪国就拥

---

① 张注洪、任武雄编:《恽代英文集》(下卷),北京:人民出版社 1984 年版,第 1017 页。

② 张注洪、任武雄编:《恽代英文集》(下卷),北京:人民出版社 1984 年版,第 1046 页。

③ 张注洪、任武雄编:《恽代英文集》(上卷),北京:人民出版社 1984 年版,第 599—600 页。

有对殖民地和半殖民地国家的发言权,也就赤裸地决定了国际对华政策。

二、对社会性质的分析

有学者指出:"新民主主义革命理论主要解决的是如何推翻帝国主义、封建主义和官僚资本主义在中国的统治,实现从半殖民地半封建社会向新民主主义社会转变等问题","毛泽东在新民主主义理论中最突出的历史贡献就在于,从中国半殖民地半封建社会的性质出发,设计了一条具有中国特色的新民主主义革命的道路"。① 从中我们不难发现,对社会性质的探索是探求新民主主义革命理论的前提和基础,绕开这个前提,任何马克思主义中国化的探索都是空谈。可以说,早期中国共产党人对社会性质的正确把握是新民主主义理论的基本思想的核心问题。

然而,任何一种真理的获得都不是一蹴而就的。在这个问题的认识上,爱国先驱们曾走过弯路。蔡和森曾断言,"中国完全是个无产阶级的国","中国的资本阶级就是五大强国的资本阶级"②。陈独秀亦曾认为,世界范围内只有"两个国家,一是资本家的国家,一是劳动者的国家"③。在他看来,除了已经成为"劳动者国家"的俄罗斯,其余的国家都是资本主义国家,中国亦是"资本家的国家"。这说明他们在中国共产党一大前后都认为中国的社会性质是资本主义国家,显然,这种观点是不切实际、背离中国国情的,他们仅仅是照搬、套用马克思主义的基本观点,带有明显的教条化痕迹。事

---

① 顾海良:《马克思主义发展史》,北京:中国人民大学出版社 2009 年版,第 406—407 页。
② 《蔡和森文集》,北京:人民出版社 1980 年版,第 79 页。
③ 《新青年》第 8 卷第 1 号,1920 年 7 月 23 日。

实上，这也是马克思主义移植到中国土壤后，融合成新文化的必然经过，直到列宁的东方革命理论传入中国，才使国人掌握了理性分析中国特殊社会的思想利器，从而成为中国共产党的理论共识。

特别值得一提的是，田诚①的《共产主义与知识阶级》（1921年6月汉口印行）是迄今见到的最早科学定义我国社会性质的文章，他指出"国际资本主义的势力已渐渐布满了这个酣睡的中国"，"把中国变作了国际掠夺阶级的公共半殖民地"。"公共半殖民地"是第一次对中国性质的判断做出的正确结论，这充分说明，尽管早期马克思主义中国化探索艰难，但仍有革命"星火"在燎原，先进的知识分子们在无数次的实践中最终掌握真理的趋势不可逆挡。它"体现了中国共产党一大前夕中国共产党人将马克思主义与中国革命实际结合的最高水平"，"集中了他们把马克思主义应用于中国社会最初尝试的成果，第一次对中国半殖民地半封建的社会性质做出判断，初步剖析了社会各阶级，提出了无产阶级革命的基本策略。其间的闪光点构成了中国共产党人对民主革命基本问题的最初认识。"②

恽代英最早关于中国社会性质判断的文章，是1922年5月9日在泸州商会的演讲，他说日本大使馆"通过军阀走狗、一切傀儡，统治中国的政治、经济、交通，使中国变为半殖民地"③。"半殖民地"完全不同于以往"中国是资本主义国家"的表述，准确地表达

---

① 对于田诚的人物考证至今没有答案，田子渝认为他不是一般党员，而是中国共产党早期重要成员。详见《马克思主义在中国初期传播史（1918—1922）》。

② 田子渝、蔡丽、徐方平、李良明：《马克思主义在中国初期传播史（1918—1922）》，北京：学习出版社2012年版，第185、190页。

③ 转引自李良明、钟德涛：《恽代英年谱》，武汉：华中师范大学出版社2006年版，第201页。

了中国的社会性质。1924年5月,恽代英在南洋大学学生会举行的国耻纪念会上发表《我们要雪的耻岂独是"五九"吗?》,再次提出了"半殖民地"概念,他指出:"中国今日,既不完具独立国的资格,已不啻一个半亡的国家。这种说话,不是我凭空臆造。我们同是中华民国,又谁愿说些自馁的话?不过实际的情形,确实这样的。我们与其讳而不言,何[不]如大声疾呼,期于共知共闻,大家来策国万全,挽救它一下呢?"① 帝国主义在华的一切特权"都可以证明中国不啻成为一处半殖民地,也可以说是一个半亡国"②。"半殖民地""半亡国"充分说明恽代英已经吸收了列宁的东方革命理论,并自觉地运用它来剖析我国现实社会,这对提高早期中国共产党人对二元社会的认识具有重要的促进作用。

第二节 对敌、我、友社会结构的探索

社会结构(Social Structure)是社会学范畴的词条,指一个国家或地区占有一定资源、机会的社会成员的社会结构组成方式及其关系格局,包含人口结构、家庭结构、社会组织结构、消费结构、社会阶层结构等若干重要子结构,其中,社会阶层结构是核心。广义地讲,它可以指经济、政治、社会等各个领域多方面的结构状况;狭义地讲,主要是指社会学领域的社会阶层结构。本文取其狭义,主要是探索中国特殊的社会阶层规律。在新民主主义革命时期,对

---

① 恽代英:《我们要雪的耻岂独是"五九"吗?》,载《南洋周刊》,1924年第4卷第9号。

② 恽代英:《我们要雪的耻岂独是"五九"吗?》,载《南洋周刊》,1924年第4卷第9号。

敌、我、友社会结构规律的把握，是制定科学革命战略方针的前提和基础，特别是制定统一战线策略的重要依据。因此，恽代英对中国敌、我、友社会结构规律的探索，为"中国特色理论形态"的雏形——新民主主义理论的基本思想的形成做出了重要贡献。

一、对社会各阶级的分析

中国特殊的半殖民地半封建社会性质，决定了中国特殊复杂的阶级情况：既有国内的封建军阀和官僚买办阶级的剥削阶级，又有国外的殖民掠夺的压迫阶级，还有受不同程度压迫的被剥削阶级。其中，帝国主义对中国社会的压迫最深，因而产生的社会影响也很大。因此，欲探索中国敌、我、友社会结构规律，须先弄清楚社会各阶级力量对比情况。

（一）帝国主义

帝国主义是指资本主义国家经济发展到一定阶段后，出现了垄断，为了最大程度地获得原材料、劳动力等廉价生产资料，西方资本主义国家在全球范围内扩张、剥削弱小国家，是资本主义发展的最高也是最后阶段。它的本质属性就是垄断，为了实现垄断，帝国主义对贫穷落后国家进行大肆侵略。

帝国主义对中国的侵略可以说已经渗透到政治、经济、文化等各个领域。恽代英曾感慨："中国有今日的地位，完全是外国人来造成功的。"① 那么，帝国主义怎样侵略中国呢？主要是通过经济、政治和文化三方面侵略相结合来逐步吞噬中国的。在经济上，中国成为帝国主义的原料掠夺地和产品倾销地。恽代英一针见血地指出：

---

① 张注洪、任武雄编：《恽代英文集》（上卷），北京：人民出版社1984年版，第545页。

"中国的病源，在于外国经济的压迫，使本国产业不能发展，故游民众多，民生窘困。只有打倒外国经济的压迫，才能根本救济中国。"① 帝国主义在经济方面压迫主要包括："A. 外国加华货入口税，影响华货销路，因而影响中国人民生计。B. 外国物产竞争，抵制华货，影响中国人民生计。C. 外国货物利用关税协定制，自由输入，破坏中国固有产业。D. 外国银行利用条约保障，吸收中国军阀官僚存款，把持中国海关税款，因有雄厚之流通资本，操纵中国市面金融。E. 利用中国人之愚昧贫乏急需款项，缔定条约或合同，预付若干款项，以低于成本之价收买产品。F. 攫取中国航行权、筑路权、开矿权、开工厂权，肆意夺渔取中国经济利益，役使中国劳动者如牛马奴隶。"② 可以说，帝国主义在中国的经济压迫笃深。由于致命的经济压迫，致使中国民族工业无从发展，成为最大障碍。所以，"帝国主义是因为资本主义的发展，资产阶级为了自己经济的利益必须向国外寻觅殖民地，以推广商品销路，采买原料，移植资本，故帝国主义对于弱小民族最重要的是施行经济侵略。"③

在政治上，帝国主义通过武力使封建军阀沦为其在华的政治工具。帝国主义能完全压迫奴役中国人民，主要得益于培植其在华势力。恽代英指出，"靠代表残余封建势力的军阀，与依附军阀的官僚土豪劣绅，为他保障不平等条约的威权，而且帮助他在都市乡村中

---

① 张注洪、任武雄编：《恽代英文集》（上卷），北京：人民出版社1984年版，第594页。

② 张注洪、任武雄编：《恽代英文集》（下卷），北京：人民出版社1984年版，第897—898页。

③ 张注洪、任武雄编：《恽代英文集》（下卷），北京：人民出版社1984年版，第824页。

间剥削压迫人民……成为帝国主义宰割中国的工具。"① 可见，帝国主义在中国找到了特殊的统治方式，为其侵略服务。

在文化上，帝国主义利用文化诱导来达到文化侵略的目的。恽代英指出："武力压迫是很残酷的，政治势力的束缚统治是很不自然的"，要"使弱小民族忘记反抗复仇的心理，只有文化侵略可以有软化驯服弱小民族的妙用"。② 所以，帝国主义通过文化侵略来达到经济侵略的目的。帝国主义施行文化侵略主要有五种方法。"（一）设立教会，宣传宗教；（二）设立教会学校推行宗教教育；（三）招收留学生，使受帝国主义的教育；（四）办理中西文报纸、通信社、传播谣言，或曲解事实的新闻；（五）设讲演所或露天学校使听众受他们的宣传。"③ 因此，文化侵略使四百万中国人为帝国主义所收买，"而失掉了他们的民族精神"，最终使国人成为殖民帝国的忠实奴役。

（二）封建军阀

中国共产党二大宣言明确地指出了中国政治经济现状，"在政治方面还是处于军阀官僚的封建制度把持之下。军阀们一方受外国资本帝国主义者的利用唆使，一方为自己的利益把中国割据得破碎不全"，"这样的情形，即是中国政治上一切纠纷内哄的复杂基础"。④

---

① 张注洪、任武雄编：《恽代英文集》（下卷），北京：人民出版社 1984 年版，第 1000 页。

② 张注洪、任武雄编：《恽代英文集》（下卷），北京：人民出版社 1984 年版，第 824 页。

③ 张注洪、任武雄编：《恽代英文集》（下卷），北京：人民出版社 1984 年版，第 823 页。

④ 中央档案馆编：《中国共产党中央文件选集》第一册（1921—1925），北京：中共中央党校出版社 1982 年版，第 72、73 页。

第三章　恽代英对中国特殊社会性质、社会结构和统一战线的探索

所以，自中国共产党二大把"消除内乱，打倒军阀，建设国内和平"① 作为其奋斗目标以来，一直是中国共产党始终不渝的革命方向。为什么要坚决反封建军阀呢？这还要从它自身的特点、地位以及本质说起。

恽代英在《少年中国学会苏州大会宣言》《中国革命的基本势力》《中国民族独立问题》《中国革命与世界革命》《民主主义与封建势力之斗争》等文中详细论述了封建军阀的特点、表现形式及反动本质。就封建军阀的本质而言，它与帝国主义相互勾结，成为帝国主义瓜分中国的工具，实为帝国主义的奴仆。恽代英以笔为武器，抨击封建军阀的腐朽性和反动性。他说："国内不肖的外交、军政当局，且复利用外人以自为引重，而排斥异己。"② 意思是说，军阀统治惯用的伎俩就是利用帝国主义培植在华势力的意图，而扩大自身的势力范围，从而排除异己，争夺更多势力范围。

就封建军阀的表现形式而言，它作为反革命势力之一，主要在经济、财政、政治和社会上压迫民众。经济压迫包括："A. 自由派款加税，不顾人民负担力量。B. 铸造低质货币，滥发纸币，使物价腾贵，生活程度提高。C. 疏忽并妨碍一切经济政策，使人民颠倒于贫乏灾祸之中。D. 召募许多饥军，饷需不足，则放任使劫掠人民。E. 造成内战，断绝交通，扰乱社会生活"；财政压迫包括："A. 因谋私饱或扩张军队，侵蚀教育、实业经费乃至其他经费。B. 把持财政，使中国财政无统一整理之希望"；政治压迫包括："A. 倚赖帝国主义之借款售械，及其他之好意以生存。故与之保障利权，破坏反

---

① 中央档案馆编：《中国共产党中央文件选集》第一册（1921—1925），北京：中共中央党校出版社1982年版，第77页。

② 张注洪、任武雄编：《恽代英文集》（上卷），北京：人民出版社1984年版，第358—359页。

帝国主义运动。B. 因循私或受贿，派遣贪官污吏到处刮削人民。C. 勾结地方土豪劣绅，摧残一切拥护工农利益的运动。D. 任意生杀予夺，人民冤屈无可控诉"；社会压迫包括："A. 收买教育舆论，为之隐讳罪恶，鼓吹功德。B. 提倡佛教、同善社、洗心社等事业，有时施行小惠欺骗愚弄一般民众。"① 恽代英用事实告知了国人封建军阀的嘴脸，即封建军阀就是帝国主义在华统治的工具，为自身利益和维护帝国主义在华利益，甘为"洋犬"，这般狼狈为奸，自然是民众打倒的对象。

恽代英还论述军阀割据造成了国内纷乱。他指出国内纷乱的原因"是由于有割据的军阀；有割据的军阀，是由于有可以听他们豢养驱遣的兵匪流氓；有这等流氓，是由于中国百业凋敝而生活腾贵，许多人找不着正当的生活路径"②。被剥夺生活资料的"兵匪游民"因着失业而参加了军阀部队。因此，恽代英总结道："中国最近的祸乱，只是一般无职业的人。军阀、官僚、议员、政客与军队、土匪等的纷扰，遂使社会上各种职业都受了他们的波累。"③ 可见，无职业的"兵匪游民"导致军阀割据有了赖以生存的军事势力，"所以要真没有曹锟、吴佩孚，第一在除去游民军队，要除去游民军队，又先得使国内没有失业的工人，因为有了失业者，他们为活命计不

---

① 张注洪、任武雄编：《恽代英文集》（下卷），北京：人民出版社1984年版，第899—900页。

② 张注洪、任武雄编：《恽代英文集》（上卷），北京：人民出版社1984年版，第419页。

③ 张注洪、任武雄编：《恽代英文集》（上卷），北京：人民出版社1984年版，第497页。

能不当兵的。"①

（三）资产阶级

资产阶级是所有阶级中最复杂的阶级。资产阶级具有双重性，一方面，资产阶级代表着资本主义的生产关系，这相对于落后专制的封建生产关系而言，具有进步性的一面；另一方面，资产阶级常遭受帝国主义的威胁和诱逼，又常常表现出软弱妥协性的一面，这种双重性使中国共产党在制定统一战线的策略上，容易造成"左"倾。可以说，对资产阶级的正确认识直接关系着中国特殊革命性质的定性，继而影响着新民主主义革命道路的判断。

恽代英论述了他对中国资产阶级的看法。在北伐战争时期，恽代英大致把资产阶级分为三类：一类是买办阶级。主要"指一般直接与外国资本有关系的大商人、银行家、工厂主"②。它最大的一个特点就是买办性，"等于是帝国主义的经手人，所以反对一切反帝国主义运动。"③ 就是跟帝国主义相勾结，垄断本国的资源，成为帝国主义在华利益的代言人，是国民革命的反革命势力之一。二类是工业资本家和国货商人。他们"为自己利益赞成收回海关主权，取缔外国工厂，但反对工农运动，且因与外资、军阀买办阶级有密切关系，颇有妥协反动性"④。三类是俸给生活者。他们"多直接间接倚

---

① 张注洪、任武雄编：《恽代英文集》（上卷），北京：人民出版社1984年版，第544页。

② 张注洪、任武雄编：《恽代英文集》（下卷），北京：人民出版社1984年版，第900页。

③ 张注洪、任武雄编：《恽代英文集》（下卷），北京：人民出版社1984年版，第900页。

④ 张注洪、任武雄编：《恽代英文集》（下卷），北京：人民出版社1984年版，第902页。

赖帝国主义、军阀、买办阶级、土豪劣绅，故对革命每动摇、怯弱或径走入反革命之一途，惟其中多数生计穷窘不安的人，善加宣传易于倾向革命"①。在恽代英看来，买办阶级是反动阶级，是"仇敌的势力"②，工业资本家和国货商人及俸给生活者与买办阶级不同，他们具有两面性，容易"妥协反动"。应该说，他的这种评价较真实地反映了资产阶级的实质，接近了资产阶级的性质，只不过由于经验不足，分析得不够深入，但这在当时已弥足珍贵了。

"四一二"反革命政变以后，以蒋介石为代表的官僚资产阶级彻底背叛了革命，成为中国革命的反动势力。加之受共产国际的舆论导向，恽代英对中国资产阶级产生了误判，误把蒋介石代表的官僚资产阶级看成是全部资产阶级，因而认为蒋介石利益集团的背叛就是中国整个资产阶级的背叛，故对所有资产阶级进行批判。他说："自从北伐胜利以后，资产阶级的野心确实是表露得很充分的了！他一面固然仍旧要利用与豪绅买办阶级的合作，来继续镇压工农的暴动，同时却已经放开手来与豪绅买办阶级为难"，"资产阶级比豪绅买办阶级狡猾得多了！"③ 应该说，土地革命战争时期的恽代英，一方面看到了以蒋介石为代表的资产阶级的反动，对他进行彻底批判，有其可取之处。并看到了蒋介石集团的反动实质，即"证明中国资产阶级之脆薄无能力，这证明资产阶级只能延长中国工农民众的痛

---

① 张注洪、任武雄编：《恽代英文集》（下卷），北京：人民出版社1984年版，第902页。

② 张注洪、任武雄编：《恽代英文集》（下卷），北京：人民出版社1984年版，第901页。

③ 张注洪、任武雄编：《恽代英文集》（下卷），北京：人民出版社1984年版，第1019页。

苦，不能丝毫解决中国的问题。"① 这是恽代英进步性一面。但是另一方面，恽代英忽略了资产阶级内部的复杂性，把它看成是单一的资产阶级，一并来反对。殊不知，其已经分裂成代表不同阶层利益的资产阶级，具有不同的社会结构属性。这是恽代英局限性的一面。

（四）小资产阶级

恽代英在《国民革命与阶级斗争》中专门论述了国民革命的社会各阶层，与以往的论述最大的不同之处是对社会各阶层进行细分，这恰恰证明了他对新民主主义基本理论认识的升华。他专门提到了小资产阶级，并把小资产阶级划分了至少两个阶层：一是小商人。小商人的特点是"受各种的压迫，他们是可以革命的，但生活比较安定而无组织，易于受大商人的欺骗，以至妥协，甚或受反革命派的利用。若是我们能够宣传使他们觉悟，把他们组织起来，仍然可以革命的"②。二是高等知识分子（学者、教职员）。他们"在知识与感情方面都应该爱国的，但他们完全依赖帝国主义及其走狗以为生活，实际上多是反革命或摇动不定的"③。从上述恽代英的分析中可以看出，小资产阶级内部由于所处的社会地位不同，表现特点各异，对待革命的态度亦有不同。就革命性而言，小商人在资产阶级内部的地位最低下，最受压迫，故革命性最高，最能与无产阶级联合起来结成联盟。所以，小资产阶级"应当极力抛弃其小资产阶级

---

① 张注洪、任武雄编：《恽代英文集》（下卷），北京：人民出版社1984年版，第1035页。

② 张注洪、任武雄编：《恽代英文集》（下卷），北京：人民出版社1984年版，第836页。

③ 张注洪、任武雄编：《恽代英文集》（下卷），北京：人民出版社1984年版，第836页。

性，极力求自身的无产阶级化"①。

另外，恽代英对小资产阶级中的知识分子阶层表示特别关注。他曾专门作文《秀才造反论》来论述中国的"秀才们"，即高等知识分子。首先，他认为知识分子们的性质就是"属于小资产阶级性的智识分子"。特点是"怯懦、狡猾，或富于领袖欲、嫉妒心"，"革命事业每每是被他们的互相猜疑、倾轧、好奇立异所牺牲破坏的"。② 恽代英明白地定义知识分子是小资产阶级性质，在革命立场上实质是"反革命或摇动不定的"。他在《世界革命与中国革命》中就明确把知识分子划归到土豪劣绅"(指一般压逼人民的富绅与智识分子)"③ 行列中，成为"压迫中国民众的最大势力"之一。从时间脉络上看，恽代英对知识分子阶层的认识也有一个由浅入深、由表及里的深化过程，而不是一次性完成的，这也恰恰符合马克思主义的量变积累易产生质变的认识逻辑规律。

其次，剖析知识分子革命的弊端。主要表现在四个方面：一是"他们空话多而实际行动少"④。他们的口号"是最说得响亮的"，但"自己不实际参加爱国运动"的，而且跟腐败官僚"一鼻孔出气"⑤。

---

① 张注洪、任武雄编：《恽代英文集》（下卷），北京：人民出版社1984年版，第769页。

② 张注洪、任武雄编：《恽代英文集》（下卷），北京：人民出版社1984年版，第769页。

③ 张注洪、任武雄编：《恽代英文集》（下卷），北京：人民出版社1984年版，第901页。

④ 张注洪、任武雄编：《恽代英文集》（下卷），北京：人民出版社1984年版，第769页。

⑤ 张注洪、任武雄编：《恽代英文集》（下卷），北京：人民出版社1984年版，第770页。

二是"他们有时能有一点浪漫的行动,然而很不容易有纪律的行动"①。三是"他们有时也做一点不大得罪人的事情,若是要得罪许多人来干甚么革命事业,他们便不愿干,因此他们便造作许多理由,而努力造成革命运动中右派的思想"②。四是"他们在革命运动高潮下,既不敢象革命的左派那样猛进,又不愿受左派之指导,他们为要妨害左派势力的发展,而且为自己要做领袖'不受人家利用',便曾用种种方法做成与左派相争的右派势力"③。这是恽代英在1926年初对知识分子的认识状况,在对待知识分子的态度上还比较和缓,因为他们的反动面目亦还未彻底暴露出来。但是,到了国民军正式北伐以后,随着革命形势的变化,全国各方对待北伐的差异,使他深刻意识到革命的势力与反势力,在《世界革命与中国革命》中把知识分子作为"仇敌的势力",成为打倒的对象。这是恽代英局限性的地方,实际上,知识分子在本质属性上仍然属于小资产阶级性质。

(五)工人阶级

中国共产党二大《关于"工会运动与共产党"的议决案》明确规定:"工会是为什么成立的?工会就是保护工人切身的利益和为工人的利益奋斗的机关,因为劳动者是创造各种物品者,所以劳动者应该享受劳动者所创的东西。"④ 并规定了"共产党是工人的先锋,

---

① 张注洪、任武雄编:《恽代英文集》(下卷),北京:人民出版社1984年版,第770页。

② 张注洪、任武雄编:《恽代英文集》(下卷),北京:人民出版社1984年版,第770页。

③ 张注洪、任武雄编:《恽代英文集》(下卷),北京:人民出版社1984年版,第773页。

④ 中央档案馆编:《中国共产党中央文件选集》第一册(1921—1925),北京:中共中央党校出版社1982年版,第48页。

是工人的政党"①。1923年，在共产国际四大做的《关于第三国际第四次大会决议案》中，对于东方问题的决议案明确指示"组织工人及农民，利用资产阶级间之冲突，执行为他们特别的阶级利益的争斗"②。1925年，中国共产党四大在《对于职工运动之决议案》中明确规定了工人的革命领导地位，即"在半殖民地的中国，工人阶级不仅为本阶级的利益而奋斗，同时还要参加民族革命运动，并且在民族运动中须取得领导地位"。③并规定了"工人阶级有强固的群众的独立的阶级组织，他在民族运动中才能成为独立的政治势力"，"并且要尽力发展我们自己党的组织，力求深入群众。"④可见，中国共产党自创党伊始就明确规定了其政党根基，即建立在以工人和农民联盟为基础的无产阶级基础之上，代表着无产阶级利益。

恽代英自成为坚定的共产主义者之后，就以无产阶级彻底解放为使命，带领着广大青年工人学生等奋斗在革命一线，参加并领导了五卅运动等斗争，总结了大量宝贵的工人运动经验。他还撰写了《中国社会革命及我们目前的任务》《社会主义与劳工运动》《青年工人运动的注意事项》《中国的"五一"节》《上海日纱厂罢工中所得的教训》《五卅运动与阶级争斗》《为什么产业无产阶级最富于革命性？》《在欢迎省港罢工工友代表大会上的演说》《"二七"与中国

---

① 中央档案馆编：《中国共产党中央文件选集》第一册（1921—1925），北京：中共中央党校出版社1982年版，第52页。
② 中央档案馆编：《中国共产党中央文件选集》第一册（1921—1925），北京：中共中央党校出版社1982年版，第114页。
③ 中央档案馆编：《中国共产党中央文件选集》第一册（1921—1925），北京：中共中央党校出版社1982年版，第280—281页。
④ 中央档案馆编：《中国共产党中央文件选集》第一册（1921—1925），北京：中共中央党校出版社1982年版，第284页。

第三章 恽代英对中国特殊社会性质、社会结构和统一战线的探索

国民革命运动》《广州暴动与工会》《答刘三保工友》《唐山工人阶级的力量》等文章，系统阐述了工人运动思想。

大革命时期，恽代英积极鼓吹工人运动并坚定地投入到工人运动的潮流之中。首先，热情鼓吹社会主义的劳工制度。他在《社会主义与劳工运动》《中国的"五一"节》中积极宣传社会主义工会制度，赞美包括中国在内的世界劳动阶级，鼓励中国工人"与全世界的劳工阶级联合起来""增加工钱，改良待遇"。① 其次，积极总结实际工人运动中的教训。对于一个敏锐的革命家而言，及时细致而冷静的分析革命经验是十分必要的。所以，他积极撰文及时总结工人运动的经验。以上海日纱厂罢工为例，工人要在工会的计划组织下联合起来，形成与资本家对抗的战线。

最后，恽代英提出了工农武装斗争的思想雏形。土地革命战争时期，恽代英理性反思工人运动的方式方法，更加注重工人运动结合实际情况。可以说，经过了大革命时期的腥风血雨，土地革命战争时期的恽代英工人运动思想更具智慧，更有前瞻性。《广州暴动与工会》就充分证明了这点。他明确指出广州苏维埃政府的领导错误。他说："苏维埃政府宣布要做许多事，但自己的精力顾不到，又没有正式布告将权力交给各工会去做，这实在是一个错误。"② 从中可以看出，恽代英一边总结以往工农运动的经验教训，即苏维埃政府没有充分的放权，只有"在暴动中必须将权力交给下层工会、农会，

---

① 张注洪、任武雄编：《恽代英文集》（上卷），北京：人民出版社 1984 年版，第 518 页。

② 张注洪、任武雄编：《恽代英文集》（下卷），北京：人民出版社 1984 年版，第 1012 页。

以发动广大的工农群众"①,一边看到了工农武装斗争的重要性。他说:应当"允许各工会向苏维埃政府领取枪支,去做上述的工作(即暴动工作)"②。工农只有拿起枪支,用武装保护自身的利益,才能抵抗反动势力。

(六)农民阶级

中国共产党对农民的重视有一个历史演化过程。如果说中国共产党一大仅是宣告中国共产党代表工人阶级政党的话,"本党的基本任务是成立产业工会"③,那么,中国共产党二大才真实意味着中国共产党是代表工农阶级的政党,"工人阶级"和"工农阶级"虽是一字之差,但意味却千差万别,前者仅代表工人,后者既代表工人,又代表农民。可见,农民的地位和利益得到了认同。中国共产党二大明确提出他是"中国无产阶级政党",代表了"工人和贫农的利益","目的是要组织无产阶级,用阶级斗争的手段,建立劳农专政的政治"。④尽管如此,中国共产党对农民阶层重视依然不够。直到中国共产党三大,根据共产国际关于东方问题的决议案,才第一次正式起草了《农民问题决议案》,但对于农民在革命中的地位并未提及。同年,中国共产党在《中国共产党对于目前实际问题之计划》中开辟专题"农民问题"来论及农民问题的重要性。它指出:"农

---

① 张注洪、任武雄编:《恽代英文集》(下卷),北京:人民出版社1984年版,第1013页。

② 张注洪、任武雄编:《恽代英文集》(下卷),北京:人民出版社1984年版,第1012—1013页。

③ 中央档案馆编:《中国共产党中央文件选集》第一册(1921—1925),北京:中共中央党校出版社1982年版,第7页。

④ 中央档案馆编:《中国共产党中央文件选集》第一册(1921—1925),北京:中共中央党校出版社1982年版,第77页。

业是中国国民经济之基础，农民至少占全人口百分之六十以上，其中最困苦者为居农民中半数之无地的佃农……中国共产党若离开了农民，便很难成为一个大的群众党。"① 中国共产党四大才正式提出了农民在国民革命中的重要地位，在《对于农民运动之决议案》中，第一句话就表明旗帜："农民问题，在无产阶级领导的世界革命，尤其是在东方的民族革命运动中，占一个重要的地位。"② 中国共产党四大宣言就正式奠定了工农联盟的政治地位，"工农们"的政治称谓表明中国共产党肯定了自己的政治基础，即工人和农民。1925年5月，在第二次全国劳动大会中，中国共产党进一步强调工农联盟，并专门形成了《工农联合的决议案》，议案指出："工人阶级要想推翻现存制度，必须结合反对现存制度的一切革命势力，因此他应该努力寻找他的同盟者。这种同盟者的第一个，就是农民。无产阶级倘若不联合农民，革命便难成功。"③ 至此，农民在民族革命中的地位问题才得到解决。

李良明认为，"恽代英是中国共产党最早重视农民运动的领导人之一。"④ 的确如此，他在农民问题方面，撰写了大量丰富的文章，形成了自己独到的见解，特别是他在从事农民宣传工作方面具备独特的敏锐力，掌握了丰富宝贵的宣传经验。归纳起来，他对农民问题的认识主要经历了两个阶段：

---

① 张注洪、任武雄编：《恽代英文集》（上卷），北京：人民出版社1984年版，第177页。

② 张注洪、任武雄编：《恽代英文集》（上卷），北京：人民出版社1984年版，第292页。

③ 张注洪、任武雄编：《恽代英文集》（上卷），北京：人民出版社1984年版，第345页。

④ 李良明：《恽代英思想研究》，北京：人民出版社2011年版，第166页。

第一阶段,大革命时期,是他农民运动思想最活跃时期,也是他的高产时期。期间,他撰写了大量的农民运动文章,如:《湖北黄陂农民生活》《我们现在应该如何努力?》《农村运动》《预备暑假的乡村运动——"到民间去"》《农民中的宣传组织工作》《国民革命与农民》等等,主要论述如何从实际出发,来从事农民运动的宣传和调查。1925年,他把农民运动整理成《农民中的宣传组织工作》,上升为系统而科学的理论指导。文章从政治、经济、文化三个宏观角度来概述农民运动经验。"政治方面的宣传,若是用描述故事的态度为农民解说各种世界以及中国的大事,他们是很愿意听的。……如能将政治上各种事实编成歌曲、弹词、剧本自然更好。"① 原来,农民政治宣言,是以提高农民的政治觉悟为目的的。"经济方面的宣传,是要熟悉农村生活的实际情形,并能洞悉各种农民生活上疾苦之来源及其救济方法,就各个实际问题剖析指示一般农民;这种宣传,是比政治的宣传,更容易打动农民的心坎,而引起他们的实际行动的。"② 就是说,农民经济宣传,要切实贴合农民的疾苦和现实所需,就越能打动人心。"文化方面的宣传,直接破除旧风俗习惯礼教迷信之行动,最易惹乡村中农民之误会,我们须斟酌情势不可孟浪为之。"③ 农民文化宣传,就是要因地制宜,尊重当地的风俗习惯,然后循循善诱之。可以说,大革命时期正是见证他把实践中的经验上升为科学理论,再用理论来具体指导工作的过程。

---

① 张注洪、任武雄编:《恽代英文集》(下卷),北京:人民出版社1984年版,第759页。

② 张注洪、任武雄编:《恽代英文集》(下卷),北京:人民出版社1984年版,第760页。

③ 张注洪、任武雄编:《恽代英文集》(下卷),北京:人民出版社1984年版,第761页。

第二阶段，土地革命战争时期，是他农民运动思想成熟时期。他更多地把目光聚焦在由毛泽东、朱德领导的轰轰烈烈的闽西土地革命潮流中。闽西土地革命战争的胜利是在中国土地上近百年来伟大的一次弱小阶级取得革命成功的壮举，使恽代英看到了革命成功的希望。恽代英通过对闽西土地革命经验的总结和推广，开阔了眼界，得到了新启发。首先，恽代英热情地歌颂闽西苏维埃政权，讴歌游击战争对农民运动的帮助。他认为："闽西八十万工农群众从斗争中建立的苏维埃政权，获得朱毛红军长期游击战争经验的帮助与指导，在政治上确实已表现了伟大的成绩。"① 可见，游击战争使农民在政治上获得独立，能够帮助开辟根据地，这是农民运动的必然结果。其次，认真总结农民最关注的土地分配方法。他说农民自己发明了按"人口与田地平均分配"的方法，并改进了"人口分配田地"的不足，即"禁止田地私自租给人家耕种，有田地荒废的收回给有力耕种的人去耕种。……分不完的田地，便作为大家公共的田地。"② 这些方法及时地解决了当时农民迫切需要的土地问题，有利地帮助恢复闽西根据地建设，但这些并非长久之计，还需要进一步结合中国实际和农村情形，才能制定出有效的长久的农村建设方案。总之，闽西农村建设使恽代英看到了武装割据和根据地建设的重要性，意识到马克思主义必须要结合中国的国情，因地制宜、因势利导，方能推动革命进程。

---

① 张注洪、任武雄编：《恽代英文集》（下卷），北京：人民出版社 1984 年版，第 1069 页。

② 张注洪、任武雄编：《恽代英文集》（下卷），北京：人民出版社 1984 年版，第 1068 页。

二、对敌、我、友社会结构的分析

1925年12月,毛泽东在著名的《中国社会各阶级的分析》中专门系统地论述了中国社会各阶级的现状,是对我国新民主主义革命理论关于敌、我、友社会结构问题阐述最著名的文章之一。他特别强调了这个问题的重要性,"谁是我们的敌人?谁是我们的朋友?这个问题是革命的首要问题。中国过去一切革命斗争成效甚少,其基本原因就是因为不能团结真正的朋友,以攻击真正的敌人"。① 可见,社会结构的正确划分直接关系中国革命的兴衰成败,它直接解决了中国革命中最主要的同盟军问题,继而决定了革命策略问题。

(一)对革命对象的分析

革命对象决定革命性质。在恽代英看来,中国最主要的敌人是帝国主义和封建军阀,其中危害最深的是帝国主义,它是中国一切问题的"乱源",只有推翻帝国主义的殖民侵略,中国才能彻底翻身。如何打倒帝国主义呢?他指出:"帝国主义是一戳便穿的纸老虎,他们朝野间,他们国际间,意见还十分纷歧,他们不但不易于各国联合起来以压迫我们,便是任何一国亦不能拿全力来压迫我们。"因此,反对帝国主义,需要"联合世界革命的势力","中国的革命一定在世界革命中间完全可以成功"。② 如何打倒封建军阀呢?恽代英认为,"军阀的倒,一定还是他自己的兵起来推倒他。怎样能使他自己的兵起来推倒他呢?"宣传"全国的兵亦自然会踊跃的

---

① 《毛泽东选集》第1卷,北京:人民出版社1991年版,第3页。
② 张注洪、任武雄编:《恽代英文集》(上卷),北京:人民出版社1984年版,第596页。

加入革命"①，最主要的方法就是发动工农群众彻底推翻反动统治，而不是简单的暴力革命。

除了帝国主义和封建军阀最主要敌人以外，中国革命的特殊对象还有买办阶级、土豪劣绅以及以蒋介石为代表的国民党反动右派。土豪劣绅是指"一般压逼人民的富绅与智识分子"，他们"与军阀官僚狼狈为奸，助其作恶，于中取利，提倡陈腐学说与迷信，以愚弄民众"②。因此，需"唤起民众"和"联合世界上以平等待我之民族共同奋斗"③，推翻蒋介石卖国政府，无产阶级取得革命的领导权，"中国才能在工农政权之下，建立真正和平统一的国家"。④ 因为该时期恽代英把以蒋介石为代表的资产阶级看成是民族资产阶级，加以打倒并不符合历史逻辑，就不能算成是新民主主义理论的基本思想的部分。因此，这里不把打倒资产阶级作为革命对象，而把他的正确部分，即推翻蒋介石的国民政府作为革命对象，就更适合厘清恽代英新民主主义理论的基本思想脉络。

(二) 对革命动力的分析

革命动力是指中国革命的根基，即依靠力量。恽代英是通过驳斥"士农工商阶级"为什么不能成为依赖力量来阐述革命动力思想的。在恽代英看来，这种观点都"只是我们可以有的一种幻想罢

---

① 张注洪、任武雄编：《恽代英文集》（上卷），北京：人民出版社 1984 年版，第 553 页。

② 张注洪、任武雄编：《恽代英文集》（下卷），北京：人民出版社 1984 年版，第 901 页。

③ 张注洪、任武雄编：《恽代英文集》（下卷），北京：人民出版社 1984 年版，第 903 页。

④ 张注洪、任武雄编：《恽代英文集》（下卷），北京：人民出版社 1984 年版，第 1054 页。

了"。因为,"第一,人类本来是有些苟且偷安的,有职业的人虽然亦感受时局纷扰的不利,然而他们还可以苟安旦夕,所以对于革命的事业,不容易唤起他们的热心。第二,中国的许多事业,还是在小生产的规模下面,一般有职业的人,既没有群众的集合,亦没有操纵社会的力量。第三,各种职业界的利害,并不一致……劝这些浑水摸鱼的人们,与人家协同的进行革命,这真无异于梦呓"①。另一方面,恽代英对中产阶级出身的人进行评价。他说:"就历史上看来,凡倡导革命的人,每多出于中产之家。这只因中产之家,一方比农工要多有受教育的机会,所以他们的知解与想象力,都比较的发达",尽管如此,"必须先纠正两种错误见解:(第一)我们不可有化他们全阶级成为革命的痴想。他们中间有能成为强有力的革命领袖的个人,这是不错的。然而这必是少数的个人……(第二)我们不可有迷信他们个人力量,而忘却农工群众的弊病……每个革命领袖最大的事业,便是去唤醒而组织农人、工人"②。同时,他还客观地评价了兵匪游民。他认为兵匪游民"比较富于革命性。他们固然是乌合之众,然而他们还是容易有群众的集合的,他们的力量亦可以摇撼社会"③。

在恽代英看来,农工是革命的依靠力量。因为"真正与一切统治阶级利害完全相反的,只有农人和工人","他们的生活,永远是

---

① 张注洪、任武雄编:《恽代英文集》(上卷),北京:人民出版社1984年版,第497、498页。

② 张注洪、任武雄编:《恽代英文集》(上卷),北京:人民出版社1984年版,第504、505页。

③ 张注洪、任武雄编:《恽代英文集》(上卷),北京:人民出版社1984年版,第498页。

濒于破产危殆之境，他们没有与统治阶级的利益妥协调和的余地"。① 首先，工人阶级最富革命性，是革命的领导阶级。其中，产业工人最富革命性，是革命的领导阶级。因为他认为"势力根基在工农身上，产业工人尤为重要"②。其次，农民受压迫最深，是革命的忠实"同盟者"。他认为农民是"世界上生活最辛苦的一种人"，是"最贫困、最痛苦"的一类，受的盘剥最重，具体包括：受"土匪、军队、民团的骚扰""内战""苛抽暴敛""土豪劣绅和大地主的剥削"及"水旱天灾"等，③ 国民革命的胜利必须是"农民得到了解放才算国民革命的成功"。总之，工人和农民生活在社会的最底层，受帝国主义和军阀盘剥最深，他们才是真正的无产阶级，其革命性最彻底。同时，农民占中国人口中的大多数，工人阶级也占城市相当一部分人口。因此，要发动社会革命，就必须要发动占社会绝大多数人口的工人和农民，只有工农革命获得成功，中国的革命才算是真正成功。所以，工人和农民自然是新民主主义革命的依靠力量，是根本动力。

然而，农民和工人仍有自身的局限性。他们"不问国事"，却实在是"革命事业的大障碍"，再加之"我们今天所鼓吹的政治知识，都是国际的，或全国的大问题，有时还偏于抽象的理论去了。这自

---

① 张注洪、任武雄编：《恽代英文集》（上卷），北京：人民出版社1984年版，第501页。

② 张注洪、任武雄编：《恽代英文集》（下卷），北京：人民出版社1984年版，第903页。

③ 参见张注洪、任武雄编：《恽代英文集》（下卷），北京：人民出版社1984年版，第915—917页。

然对于农人、工人没有兴趣"①。所以，做工农运动还有很大的难度。

那么，该如何运动中国革命呢？恽代英给出自己的答案。"对于农人、工人，应当是注意他们的团结，以及教育他们，使他们知道注意自身的利益。"② 对于工农而言，注重相互团结是中国共产党组织工农运动的重点方向，因为他们自身的局限性，中国共产党在发动、组织工农运动时，要明白因势利导、因地制宜的道理，注重对工农的教育和思想灌输，促使工农为自身的利益奋斗。

（三）对革命基本势力的划分

恽代英把中国革命主要划分为革命和反革命两大势力，并特别关注中间势力。《革命势力与反革命势力》《世界革命与中国革命》等文是他关于革命势力问题的代表作。他运用辩证逻辑和历史唯物史观全面详尽地分析了中国各阶级的实情，文章充分体现了其深厚的哲学理论功底和透彻的人性思维洞察力，进一步丰富了新民主主义理论的基本内容。他主要从三个层面论述该问题：

第一层面，探寻中国革命的基本势力。什么是中国革命的势力？是相对于反革命势力而言，就是革命依靠的对象。恽代英在《革命势力与反革命势力》一文中专门阐述革命的势力问题。它包括四类人：第一是工人，"他们是因为困苦无所挂念的，所以比较有决心"；第二是学生，"他们虽然没有经济上的地位，而且比较浪漫软弱不能持久，然而因为他们的社会地位比较高，由知识而唤起的同情心比较丰富，他们比较容易感动而感情比较热烈"；第三是农人，"他们

---

① 张注洪、任武雄编：《恽代英文集》（上卷），北京：人民出版社1984年版，第501页。

② 张注洪、任武雄编：《恽代英文集》（上卷），北京：人民出版社1984年版，第505页。

虽然没有工人的团结与自信力，但他们在生活上之要求革命与可以无念系的从事于革命，与工人没有两样"；第四是兵士，"他们本只是经济上落伍的农民，平日虽似为反动势力作爪牙，但在全国一致的空气中间，他们每易于倒戈为全国人民利益而奋斗"。因此，"工人、学生、小商人、农民、兵士，他们都是在社会上比较没有地位的，但他们常是革命的力量"①。

第二层面，探寻中国革命的反势力。恽代英不断总结出反革命势力的特点，并总结出五种反革命势力，即"第一是大商买办阶级"，"第二是一般'高等华人'如梁启超、丁文江、胡适、余日章之类"，"第三是那些希望缩小范围专对英日或专门对英的学者名流"，"第四是那些信赖政府、军阀或者是仍旧信赖法律解决的庸俗论者"，"第五是那些反对甚至于破坏工人、学生组织的资本家、教职员"，"所以大商人、资本家、名流、学者、律师、教职员，一切在社会上所谓比较有地位或者自以为有地位的人，常常是反革命的"。②故这五类是我们要打倒的对象。1926年，他在《世界革命与中国革命》中对反革命势力进行归纳，并上升到理论概括水平，把这些反动势力归结为"压迫中国民众的最大势力"："帝国主义""军阀""买办阶级"和"土豪劣绅"，这些"仇敌的势力"在军事、政治、经济和文化方面"互相勾结，共同压迫一般民众"。③他们最大的特点是互相勾结，"势力甚大，产业工人决不能独立奋斗，工农

---

① 张注洪、任武雄编：《恽代英文集》（下卷），北京：人民出版社1984年版，第695页。

② 张注洪、任武雄编：《恽代英文集》（下卷），北京：人民出版社1984年版，第693—694页。

③ 李良明编：《恽代英全集》第八卷，北京：人民出版社2014年版。第474—479页。

联合亦还不够，"必须联合各阶级。其中首次专门论述了"买办阶级"反动势力，这是恽代英思想明显进步的地方。

第三层面，关注易妥协的中间势力。他在论及"国内各阶级的革命性"时，谈到了在革命中"受买办阶级反动宣传"容易产生动摇的阶级，主要包括三类人：一是"工业资本家与国货商人"，"为自己利益赞成收回海关主权，但反对工农运动，且因与外资、军阀买办阶级有密切关系，颇有妥协反动性"。① "故每懦弱而妥协，国民革命他们是可以暗中帮助，而不敢明露面目以触怒帝国主义、军阀。"② 二是"高等知识分子（学者、教职员）"等"俸给生活者"，他们"在知识和感情方面都应该爱国的，但他们完全依赖帝国主义及其走狗以为生活，实际上多是反革命或摇动不定的。"③ "惟其中多数生计穷窘不安的人，善加宣传易于倾向革命。"④ 三是"小商人"，"因思想多落后，而散漫无组织，常受买办阶级反动宣传，随之反对工农运动及一切革命运动"。⑤ "小商人比较能革命，但他们没有组织力，如革命潮流低落时，小商人就跑到大商人一边去

---

① 张注洪、任武雄编：《恽代英文集》（下卷），北京：人民出版社1984年版，第902页。

② 张注洪、任武雄编：《恽代英文集》（下卷），北京：人民出版社1984年版，第836页。

③ 张注洪、任武雄编：《恽代英文集》（下卷），北京：人民出版社1984年版，第836页。

④ 张注洪、任武雄编：《恽代英文集》（下卷），北京：人民出版社1984年版，第902页。

⑤ 张注洪、任武雄编：《恽代英文集》（下卷），北京：人民出版社1984年版，第902页。

了。"① 这三类人有爱国进步的一面，常因爱国同情心而赞助革命，但一旦受到反革命势力的威胁，他们的革命性就易产生动摇，是我们努力争取的对象。

特别指出的是，毛泽东的《中国社会各阶级的分析》与恽代英的《世界革命与中国革命》有诸多相通之处。首先，他们都是在解决当时国内的一个重要革命命题，即分清革命队伍的敌、我、友的问题。只不过毛泽东是专门细分革命各阶级，而恽代英从世界的角度，宏论中国革命的势力与反势力，着眼点不同，但目标一致。其次，都是从最实际的革命经验中提取理论精髓，其从"实境"出发的马克思主义学风一致。他们在论证革命各阶级时都是采用鲜活实例，从第一手资料中总结各阶级的规律。例如，恽代英直接引用外国列强经济侵略的实际损失，而毛泽东直接揭露中产阶级的实际做法，这种能坚持理论联系实际、不迷信权威的做法恰恰证明了他们才是真正的马克思主义者，真实维护了马克思主义者的坚定信仰，从而最终才能成为革命的领袖，引领革命前进方向。

当然，《中国社会各阶级的分析》与《世界革命与中国革命》也有差异，显著的不同反映在对中国资产阶级探讨上面。毛泽东认为地主阶级和买办阶级"代表中国最落后的和最反动的生产关系，阻碍中国生产力的发展。他们和中国革命的目的完全不相容"②。而关于"中产阶级"的论述是毛泽东极富创造性的一面。他指出，"这个阶级代表中国城乡资本主义的生产关系。中产阶级主要是指民族资产阶级，他们对于中国革命具有矛盾的态度：他们在受外资打击、军阀压迫感觉痛苦时，需要革命，赞成反帝国主义反军阀的革

---

① 张注洪、任武雄编：《恽代英文集》（下卷），北京：人民出版社1984年版，第973页。

② 《毛泽东选集》第1卷，北京：人民出版社1991年版，第4页。

命运动；但是当着革命在国内有本国无产阶级的勇猛参加，在国外有国际无产阶级的积极援助，对于其欲达到大资产阶级地位的阶级的发展感觉到威胁时，他们又怀疑革命。"① 可见，在当时党内普遍看不清国民党的两面矛盾性，看不透民族资产阶级的实质的时候，毛泽东能有这般见识，这足见其思想的深远。

此外，毛泽东还有一个亮点就是"半无产阶级"的提法。它"包含：（一）绝大部分半自耕农，（二）贫农，（三）小手工业者，（四）店员，（五）小贩等五种。绝大部分半自耕农和贫农是农村中一个数量极大的群众。所谓农民问题，主要就是他们的问题。"② 实事求是地说，毛泽东关于中产阶级和半无产阶级的提法，是对马克思列宁主义运用到中国实际而创新发展的产物，在如何认识和对待资产阶级的问题上较党内其他党员而言，更具有开拓性和先进性，因而也比恽代英在这个问题上的认识更超前、更深刻。

那么，在敌、我、友社会阶层划分上，中国革命的反势力就是新民主主义革命的敌人，具体包括上述的反革命势力，即"帝国主义""军阀""买办阶级"和"土豪劣绅"等；中国革命的势力即依靠力量就是新民主主义革命的我方，即中国共产党组织领导的工人和农民，具体包括"工人、农民、学生、兵士"等；新民主主义革命的友人就是易妥协的中间势力，具体包括上面的三类人，即"工业资本家与国货商人""高等知识分子"和"小商人"。由于中间势力的双重性特点，促使我们在新民主主义革命中采取既联合又教育的统战策略，这就是中国共产党制定统一战线策略的依据。

---

① 《毛泽东选集》第1卷，北京：人民出版社1991年版，第4页。
② 《毛泽东选集》第1卷，北京：人民出版社1991年版，第6页。

第三节 对统一战线的探索

中国共产党制定统一战线的策略主要依据有两点：一是受共产国际的指示安排必须建立联合统一战线；二是根据中国的实情，调整联合战线的具体策略方针。1922年11—12月举行的共产国际四大，通过的《东方问题总提纲》以文件的形式，就直接要求它的中国支部——中国共产党建立反对帝国主义的联合战线。因此，我国的最初革命策略更多的是受共产国际的指示。共产国际根据民族殖民地或半殖民地问题理论要求建立联合战线的革命策略，正是适合当时落后的殖民地或半殖民地国家革命需要的，这又恰恰证明了东方革命理论反映了中国的实际，因而才能指导中国革命，若它未能真实反映中国实际，显然这个策略在中国是行不通的。只有当东方革命理论随着实际的变化不能反映或揭示中国特殊规律性的时候，那么，真正"决定中国的办法"，还是"中国的实情"，即反映中国敌、我、友社会结构的革命规律。因此，恽代英对统一战线的认识经历了两个阶段：第一阶段是执行共产国际民主联合战线阶段；第二阶段是具体制定民主联合战线策略阶段。

一、执行共产国际民主联合战线

作为中国共产主义青年团的中央委员，恽代英对认真执行共产国际建立联合战线的命令，没有一丝懈怠。事实上，他亦十分认同共产国际的联合战线方针，并立志"集合群众力量"来改变社会。他参与领导了旨在"唤起人民为奋斗而联合，要用各种方法，去传播联合的福音"①的民治运动。1923年6月,他在致团中央书记施存统的信中就明确表示了"吾人取加入民主主义联合战线政策殊有意义"②的主张,同时,还有把马克思主义自觉运用中国实情的理论自觉,这在当时是非常难能可贵的。他曾与施存统讨论工作方法:"兄此文中曾言马克思主义最要是处处根据事实,不凭空想",并劝诫"已往之S.Y.运动方策,实有再加考虑之必要"③。因此,他认为各项政策、中央命令"务须审虑各地经济状况,非必要且可能时,不宜说过于刚性的话"④。这刚好彰显了恽代英实事求是、与时俱进的工作作风。

二、具体制定统一战线策略

第一,阐述在中国建立联合战线的原因。首先,论述建立联合战线的重要性。从根本原因上讲,是"救治"中国的必然结果。恽代英从中国的实际出发,总结出以往救治中国的办法在中国行不通,不管是教育救国、实业兴国,还是新村改良,在中国都无一例外地证明是失败的。因此,恽代英基于现实才得出,救治中国的办法是"盼望很快的唤起全国各界,一致的为民治政治发生个有效力的运

---

① 张注洪、任武雄编:《恽代英文集》(上卷),北京:人民出版社1984年版,第340页。
② 张注洪、任武雄编:《恽代英文集》(上卷),北京:人民出版社1984年版,第349页。
③ 张注洪、任武雄编:《恽代英文集》(上卷),北京:人民出版社1984年版,第351页。
④ 张注洪、任武雄编:《恽代英文集》(上卷),北京:人民出版社1984年版,第351页。

动"①。"全国各界一致为民治运动效力"就是社会各阶级联合、建立统一战线的意思,这是"打破群雄争长局面的法子"②,"只有人民联合起来的大力量是超过一切没有抵抗的。五四之役,学生与各界的联合"③ 就是最好的说明。可见,要救国,就必须"人民联合起来",建立联合战线。

其次,论述建立联合战线的途径。恽代英从政治、文化、军事等方面展开论述。在政治上,恽代英指出,"用人民的力量建设,拥护而监督一种为人民谋利益的政府","求政治上的总解决"。④ 就是要组建能号召全国群众联合起来为人民服务的政府。为此,在宣传上,"用各种方法,去传播联合的福音"⑤。宣传、鼓动群众支持革命,积极宣传建立统一战线的益处,唤醒国人的革命斗志。在文化上,"要用哲学、文学、各种讲演、演剧的法子,打破中国人的所谓'安分'之说"⑥。从思想上打破旧传统,以唤醒国民的反抗意识,联合人民为自己的利益而奋起反抗,推翻军阀统治。在军事上,"我

---

① 张注洪、任武雄编:《恽代英文集》(上卷),北京:人民出版社1984年版,第335页。

② 张注洪、任武雄编:《恽代英文集》(上卷),北京:人民出版社1984年版,第338页。

③ 张注洪、任武雄编:《恽代英文集》(上卷),北京:人民出版社1984年版,第340页。

④ 张注洪、任武雄编:《恽代英文集》(上卷),北京:人民出版社1984年版,第342页。

⑤ 张注洪、任武雄编:《恽代英文集》(上卷),北京:人民出版社1984年版,第340页。

⑥ 张注洪、任武雄编:《恽代英文集》(上卷),北京:人民出版社1984年版,第340页。

们要这种作战的联合,大家能受一种有纪律的训练。"① 我们要做军事的联合,用战争来凝结社会力量,从而达到建立统一战线的目的。

具体地讲,恽代英指出要建立广泛的工农联盟、小资产阶级的统一战线。恽代英在《怎样进行革命运动》中回答了怎样"靠全国一致的行动来与一切压迫我们的外国势力相抗争":第一,是要参加政党,只有号召指挥的政党才能把"一盘散沙的民众"聚拢起来。恽代英在这里所指的政党是中国共产党,因为从语境中可以明白地判断出来,"我们应当把最活动而有能力的朋友介绍加入一个革命的党",这样做使"一切被压迫的农、工、商、兵、民众中都可以有我们的党员,这样的党员都可以号召指挥他那一方面的民众"②。"有我们的党员"自然是指中国共产党党员,恽代英是以个人身份加入国民党的,个体并不能代表集体,其党籍仍然属于中国共产党,故这里参加政党是指参加中国共产党。第二,是社会各阶级联合起来反抗强权。"为农民、工人、妇女、青年作种种可以帮助他们的事,或为他们组织各种普泛的团体以联络他们的感情",即建立广泛的工农联盟和小资产阶级的统一战线,团结社会各阶级。

同时,为了扩大统一战线,还需要建立世界被压迫民族联合战线。恽代英在《中国革命与世界革命》(1924年)、《世界革命与中国革命》(1926年)等文中,用世界视角论述"中国要求恢复独立,必须与各殖民地的民族联合的合作,然后可以达到最后的胜利"③

---

① 张注洪、任武雄编:《恽代英文集》(上卷),北京:人民出版社1984年版,第341页。
② 张注洪、任武雄编:《恽代英文集》(上卷),北京:人民出版社1984年版,第595、596页。
③ 张注洪、任武雄编:《恽代英文集》(上卷),北京:人民出版社1984年版,第556页。

的观点。他指出，中国"仇敌的势力甚大，产业工人决不能独立奋斗，工农联合亦还不够，故我们须要随时防止各阶级中妥协反动倾向，然决不可抛弃各阶级合作之政策，同时尚须联合世界革命势力"①。这段论述精辟地表达了统一战线的精髓，即因为革命对象势力的强大，为了争取一切革命势力，故建立广泛的统一战线。他又把中国共产党在国民革命中将会出现的情况作了较科学评估，即各阶级中有可能出现的妥协反动因素，一旦受到反革命威胁的时候，极容易妥协，造成统一战线前功尽弃。这种前瞻性论述丰富、创新了马克思列宁主义在中国的运用，是早期中国共产党人探索革命策略的智慧结晶。

第二，驳斥破坏联合战线的种种言行。首先，正面抨击国家主义派破坏国共合作的反动言论。国共合作初期，以余家菊、李璜为代表的国家主义派鼓吹文化救国，一度迷惑民众。对此，恽代英撰写了大量的论文，如《国家主义者的误解》《与李璜卿君论新国家主义》《评醒狮派》等来直面抨击错误的言论，帮助民众特别是青年树立无产阶级革命文化观。他一针见血地指出国家主义派的实质，即"中国的智识阶级向来是奉承统治阶级，而且是曲学阿世以为统治阶级作爪牙的。"② 因此，"我并不相信凡今日言国家主义的都是有意为资产阶级作走狗，来欺骗蹂躏无产阶级；不过我相信国家主义在客观上所生的结果，一定是于无产阶级大不利的，而且他妨碍

---

① 张注洪、任武雄编：《恽代英文集》（下卷），北京：人民出版社 1984 年版，第 903 页。

② 张注洪、任武雄编：《恽代英文集》（下卷），北京：人民出版社 1984 年版，第 661 页。

国民革命势力的发展，他使我们无法抵抗国民革命以后资产阶级的反动"①。他一面抨击资产阶级知识分子，一面努力联合他们为共同的革命目标而合作。他说，资产阶级"纵与我们不能一致，并非便不能同力合作"，"至少亦是我们在向帝国主义作战时的伴侣，所以我以为我们在理论上互相争辩是可以的，但不应因此便以为不能合作了"。②

其次，驳斥戴季陶主义。戴季陶主义指以戴季陶为代表的国民党右派抛开了中山主义的"平等的思想"和"革命的精神"③，把"中山主义改良化宗教化"，鼓吹"平等、王道、公理及消灭阶级"④的言论。其实质是反革命的言论，恽代英批判戴季陶主义反对联俄联共扶助农工政策的根本原因是"他对于中外的共产党都是有些怕的"⑤，故意挑拨离间，破坏国共合作，这完全是反动言论。所以，恽代英大胆结论："没有平等思想的，不配称中山主义的信徒；所以一切资本主义者国家主义者走开！没有革命精神的，不配称中山主义的信徒；所以一切戴季陶主义者走开！"⑥通过驳斥种种破坏统一战线言论，客观上团结了人心，巩固了联合战线。

---

① 张注洪、任武雄编：《恽代英文集》（下卷），北京：人民出版社1984年版，第662页。

② 张注洪、任武雄编：《恽代英文集》（下卷），北京：人民出版社1984年版，第666页。

③ 张注洪、任武雄编：《恽代英文集》（下卷），北京：人民出版社1984年版，第753页。

④ 张注洪、任武雄编：《恽代英文集》（下卷），北京：人民出版社1984年版，第756页。

⑤ 张注洪、任武雄编：《恽代英文集》（下卷），北京：人民出版社1984年版，第754页。

⑥ 张注洪、任武雄编：《恽代英文集》（下卷），北京：人民出版社1984年版，第756页。

第四章 恽代英对群众运动的探索

作为中国共产党中央宣传部秘书，恽代英对早期马克思主义中国化的一个独特贡献就是鼓动宣传群众运动工作，他在发动群众运动方面留下了大量的宝贵遗产，为早期马克思主义中国化的宣传工作做出了不可替代的理论贡献。

第一节 对青年运动的探索

周恩来同志在恽代英牺牲19年时曾深情悼念："中国青年热爱的领袖——恽代英同志牺牲已经十九年了，他的无产阶级意识、工作热情、坚强意志、朴素作风、牺牲精神、群众化的品质、感人的说服力，应永远成为中国革命青年的楷模。"这个评价肯定了恽代英为中国青年运动立下的卓越功勋，他的事迹，在青年运动史上留下不可替代的一笔。1918年6月，他从中华大学（华中师范大学的前身）文科哲学门专业毕业以后受校长陈时的器重，留校任附中部教务主任（即校长），开始专门与青年学生打交道，领导参与了著名的五四爱国学潮运动，并带头创办了利群书社，教育和影响了湖北地区一大批追求进步的青年;曾先后执教于安徽宣城第四师范学校、泸州川南师范学校、上海大学,每到一处地方就播种马克思主义圣火,教化一大批青年学生参加到革命洪流中;自成为一名无产阶级革命战士之后,在泸县秘密组织青年团,并于1923年成为中国社会主义青年团宣传部长,并创办了团机关刊物《中国青年》,专伺负责青年运动工作。可以说,恽代英最后十年的革命生涯里从未离开过青年运动的阵营,他与中国青年血肉相连,患难与共,故郭沫若曾感慨道,"在大革命前后的青年学生们,凡是稍微有些进步思想的,不知道恽代英,没有受过他的影响的人,可以说没有。"①

一、青年运动在新民主主义革命中的地位

恽代英认为中国青年担负着民族解放的历史使命,青年运动旨在求民族独立解放。他在《少年中国学会苏州大会宣言》中撰写的学会方针就明确了青年肩负的"求民族独立"的历史使命,并制定了学会纲领,其中一条就要求"提倡青年为民族独立运动,为各种切实有效的社会服务"②。后在《中国共产主义青年团》中专门论述了青年运动是共产党革命运动的一部分,"在政治上,他完全是遵守中国共产党的指导而与之取一致行动的",其目的"一是要接近一般青年,便于为主义的宣传;二是要领导他们为自己求解放而拥护青年工人、农民的利益;三是要领导他们参加民族革命运动以增加左派的势力"③。

---

① 郭沫若:《纪念人民英雄恽代英》,载《中国青年》,1950年第38期。
② 张注洪、任武雄编:《恽代英文集》(上卷),北京:人民出版社1984年版,第360页。
③ 张注洪、任武雄编:《恽代英文集》(下卷),北京:人民出版社1984年版,第617、620页。

同时，恽代英认为青年运动不仅是国民革命的一部分，还是无产阶级革命的重要组成部分。他在答复一个愿意加入 C.Y.（即共产主义青年团）的国民党党员的通信中深刻地指出了共产主义青年团的根本任务：除了参加国民革命，打倒帝国主义以外，还必须"为工人、农民的利益奋斗到底"，"做到农工专政"。① 他劝这位国民党党员如若只是要国民革命，就不要参加 C.Y.，若是"相信阶级斗争与农工专政"，便可以加入进来。因此，恽代英指出青年运动还是中国无产阶级革命的重要部分，与妇女运动、农民运动一样，都是为了取得无产阶级革命胜利，实现本阶级利益。

二、青年运动的方法论

总的说来，他革命实践的根本原则和出发点是"解决中国的问题，自然要根据中国的情形，以决定中国的办法"②。那么，在这个根据"实情"的总原则指导下，他创建了宝贵的青年运动方法论。

（一）理论联系实际

理论联系实际是对马克思主义普遍真理同革命和建设的具体实践相结合原则的概括表述，其基本精神是达到主观和客观、理论和实践、知和行的具体的历史的统一。对于早期中国共产党人来说，就是应用马克思列宁主义的立场、观点、方法，对中国的历史实际和革命实际进行认真研究，正确地解决历史和革命中所发生的实际问题，从中引出规律，作为行动的向导。在恽代英看来，

---

① 张注洪、任武雄编：《恽代英文集》（下卷），北京：人民出版社 1984 年版，第 757 页。

② 张注洪、任武雄编：《恽代英文集》（上卷），北京：人民出版社 1984 年版，第 480 页。

团中央领导青年运动应注意两个层面的理论联系实际。

第一层面，中央制定方针时应注意理论联系实际。他在从事中国社会主义青年团的宣传工作时，特别注意从实际出发。这在给时任团中央书记施存统的信中体现了理论联系实际的作风。他说："我亦觉如前所举中央命令，恒有不顾全国经济状况大不相同的情形，于是每有要求是实际无法遵守的，结果大家置之不理，仍无可如何。此诚不是办法也"，"兄此文中曾言马克思主义最要是处处根据事实，不凭空想。今试思 S.Y. 内部命令屡不能十分生效，于此可知已往之 S.Y. 运动政策，实有再加考虑之必要"。因此，他认为"中央命令务须审虑各地经济状况"①。他认为中央的决策应是在充分听取民意、了解事实的基础上制定的，这样才符合马克思主义真实要意。

第二层面，中国共产党党员从事青年运动时注意理论联系实际。恽代英从苏俄的新经济政策中领悟到了列宁领导革命的一大优点，"他最注意的是俄国实际情形。他从唯物史观得着了俄国革命成功的关键"②。因此，他在宣传青年运动时，尤其注重研究宣传教育的方法，特别反对空洞的理论说教。他曾专门撰文《怎样做一个宣传家?》讨论如何宣传群众，他给了若干建议。其中，专门提到避免说教的建议。他说：宣传者"要极力避去一切专门名词，用极普通易懂的话传述你的意思"，不要说一些"表示你的学问"的词语，免得让人费解。同时，宣传者还"要知道被宣传人的生活，从他的生活中找你说话的材料，找那些可以证明你所说理由的例子，而且利

---

① 张注洪、任武雄编：《恽代英文集》（上卷），北京：人民出版社 1984 年版，第 350—351 页。

② 张注洪、任武雄编：《恽代英文集》（上卷），北京：人民出版社 1984 年版，第 441 页。

用他生活中常要听见的土话或其他流行的术语说明你的意思"①。这就要多调查研究,从他们的生活实际出发,用他们的语言进行宣传。这样,才能使青年真心喜欢你,并"丝毫不怀疑的相信你"。

(二) 密切贴近群众

密切联系群众就是一切从人民群众的利益出发,而不是从个人或小集团的利益出发;坚持向人民负责和向党的领导机关负责的一致性,并坚持把这些原则作为党的一切工作的出发点。为什么要密切贴近群众?除了党性的根本要求以外,理论联系实际的内在逻辑就要求密切贴近群众。换句话说,密切贴近群众是理论联系实际的客观要求和必然归宿。因此,为了践行从中国"实情"出发,恽代英自然就会自觉地密切贴近群众。董必武同志曾题词道:"恽代英同志是我党最善于联系青年和劳动群众的领导人之一。他经常正确地反映青年和劳动群众的意见,引导他们前进,同时不断地向他们学会了许多东西。"

对于恽代英而言,他找到了密切贴近群众最好的武器——演讲。他一生演讲无数,据听过他演讲的人说,他态度和蔼、谈吐从容、嗓音洪亮,"吸引力很大,听讲的愈来愈多,会场容纳不下的时候,有的人情愿站在会场外隔窗倾听"②。由于他在武汉的爱国行动引起了当地军警的恐慌和打击,于是他离开武汉,开始游学演讲。他先去宣城师范,后逆江而上,去四川泸县,任教川南师范,到处播种革命火种。在宣城时,恽代英已意识到演讲的重要性,在他看来,演讲如同布道。为抓住人心,应练就在大庭广众中宣传自己主张的

---

① 张注洪、任武雄编:《恽代英文集》(上卷),北京:人民出版社1984年版,第698页。

② 人民出版社编辑部编:《回忆恽代英》,北京:人民出版社1982年版,第161页.

本事。他的演讲曾深刻影响过毛泽东、周恩来、董必武等有志青年，以及黄埔军校的诸多学员。正因为他的演讲太富感染力、震撼力和杀伤力，在安徽宣城因"煽动学生，图谋不轨"，被军阀称为"六大叛逆"之一，遭到通缉；在被捕就义前，面对狱卒，仍不忘慷慨演讲："蒋介石走袁世凯的老路，屠杀爱国青年，献媚帝国主义，较袁世凯有过之而无不及，必将自食其果！……"① 这是恽代英生平最后一次演讲，惊天动地，令山河动容。深受他影响的董必武曾感慨道："抓住青年进取心，手书口说万人钦。血腥刀俎君菹醢，卅载难忘此恨深。"②

(三) 利用群众心理

恽代英的群众宣传工作的一个亮点就是充分了解群众心理，利用群众心理因势利导。在他未成为马克思主义者之前，"力行"价值观促使他尤为关注群众心理。他在答复其友张复初质疑他不应该参加五四学潮的回信中，就首次表明"注意群众心理"的重要性，并直接表达"因势利导"的意图，他说："代英不能酌国情，审民智，因势而利导，与代英自信又恰相反也。"③ 意思是说他本人的自信源泉来自于体察国情、审视民智，在了解群众心理的基础上对群众因势利导。五四学潮正是"人心潮流"所趋，他是"疏浚而利导之"④。在他的政治价值观过渡时期，他仍坚定"研究群众心理，静

---

① 转引自李良明、钟德涛：《恽代英年谱》，武汉：华中师范大学出版社2006年版，第363页。

② 《董必武诗选》，北京：人民文学出版社1977年版，第143页。

③ 张羽、姚维斗、雍桂良：《恽代英 来鸿去燕录》，北京：北京出版社1981年版，第52页。

④ 张羽、姚维斗、雍桂良：《恽代英 来鸿去燕录》，北京：北京出版社1981年版，第56页。

觑时变。天下事决非一个人所能做成"① 的信念，促进他始终关注民生，热心钻研群众心理，以唤醒民众。

在他成为坚定的马克思主义者之后，就开诚布公地表达"为无产阶级势力植根基"就要"注意军人与群众的革命"② 的政治信仰。之后，处处能见他关注群众心理的言行。例如，他在1923年创办的团中央机关刊物《中国青年》上第1期就撰文《对于有志者的三个要求》，对向上青年们提出要求，即多研究"时事及社会改造理论与办法"，多了解群众心理，他指出，"要改造社会，不顺着个人或群众的心理法则，是不能成功的。"③ 并把研究"心理与群众心理的书籍"纳入他们的阅读书目之中，这足见研究群众心理对改造社会的重要性。正因为恽代英善于研究群众心理，所以他每每能抓住民众穷苦的症结点，极易走进民众内心，不仅是民众的良师益友，而且感染鼓舞了诸多民众特别是青年加入到革命阵营中来，夯实革命队伍基石。恽代英在数载的革命实践中，根据实情独立研制出一套极具中国特色和民族风格的宣传方法，这些都散见在他参与领导的青年运动、妇女运动及农民运动中。据统计，《恽代英文集》有近四十篇文章论述到宣传群众的思想，占总篇数的近五分之一。可以说，恽代英参与领导的青年运动、妇女运动和农民运动史就是一部生动的宣传组织群众史。

---

① 张羽、姚维斗、雍桂良：《恽代英 来鸿去燕录》，北京：北京出版社1981年版，第86页。

② 张羽、姚维斗、雍桂良：《恽代英 来鸿去燕录》，北京：北京出版社1981年版，第129页。

③ 张注洪、任武雄编：《恽代英文集》（上卷），北京：人民出版社1984年版，第367页。

需要说明的是，上面三种方法论不仅适用于青年运动，而且也适用于妇女运动和农民运动。但之所以标题为"青年运动的方法论"，是为了肯定其青年运动的卓越功勋，因为他从事青年运动相对于其他运动而言，实践时间最长、声望最高、效果最显著。

三、青年运动的内容

中国共产党第四次全国代表大会第一次具体地部署了中国青年运动的方向："目前社会主义青年团的最重要的青年工作有三方面：青年工人运动，青年农民运动和青年学生运动。"① 在精读《恽代英全集》的过程中，笔者发现恽代英的青年运动正好是从这三个方面入手的，而且这三个方面的宣传成果颇丰。这难道是巧合？恽代英在成为团中央委员时，就表示过"对于中央命令，坚决服从之"②的观点，加上他在《中国共产主义青年团》文章中明确表示过"接受了中国共产党最新规定"，这恐怕是他认真贯彻执行中国共产党决议的结果吧。由于在他的革命生涯中，与学生接触时间很长、对学生影响很深，因此先对其青年学生运动进行概述。

（一）青年学生运动

1923年9月，恽代英任中国社会主义青年团中央委员，并于10月间同邓中夏一起创办了共青团机关刊物——《中国青年》。它以鲜明的革命旗帜、紧密联系实际的文风和短小精悍的形式，深深地吸引了广大青年和进步人士，其发行量亦迅速增至3万份，成为当时

---

① 中央档案馆编：《中国共产党中央文件选集》第一册（1921—1925），北京：中共中央党校出版社1982年版，第301页。

② 张注洪、任武雄编：《恽代英文集》（上卷），北京：人民出版社1984年版，第350页。

国内最受欢迎的青年杂志之一。他在该刊发表过210多篇文章和通信，用"手书口说"这个锋利的宣传武器，指引广大青年寻找爱国救亡的道路的。恽代英曾说："爱读《中国青年》的人，多半是在校的学生，若是大家能拿学生一份子的资格，去努力于学生运动，这一定是很容易有功效的事。"① 可见，《中国青年》一度成为他领导青年学生革命运动的宣传阵地。

第一，论述青年学生运动在革命运动中的作用与地位。恽代英指出，青年学生容易受环境的影响，为了扩大革命势力，努力做学生运动。因此，学生是革命军的主要来源之一，"自身亦可以成为一种革命的群众，而且他们又可以有力的赞助工人运动、农人运动，以蔚成伟大的革命军"②。学生运动是群众运动的重要组成部分，能够大力支持工农运动。所以，学生运动跟工人运动和农民运动一样，在革命运动中起重要作用。

第二，论述青年学生运动的内容。《对于青年运动之决议案》指出学生运动是"重要的推动力"，"学生运动的最重要的目的，是怎样使学生能与工人、农民运动结合起来，使他们到工人、农民群众中宣传和帮助他们组织"。③ 应该说，恽代英较好地做到了这点，是当之无愧的"青年模范"。他主要从三个层面来领导学生运动：

第一层面，在思想领域，积极宣传学生从事"社会改造事业"。通过研读恽代英的学生宣传工作相关文章，不难发现他的宣传规律：

---

① 张注洪、任武雄编：《恽代英文集》（上卷），北京：人民出版社1984年版，第582页。

② 张注洪、任武雄编：《恽代英文集》（上卷），北京：人民出版社1984年版，第582页。

③ 中央档案馆编：《中国共产党中央文件选集》第一册（1921—1925），北京：中共中央党校出版社1982年版，第300页。

先抽象后具体、先浅显后深入、先外部后内部。这个规律可以从下面四个阶段的宣传内容中总结出来：第一阶段，《中国青年》初创期，他积极呼吁青年学生"多做事，多研究，多存心为社会谋福利"①。他在《中国青年》创刊号中发表了3篇文章，都不约而同地谈到了有志青年应努力"作有益于社会改造的事业"，呼吁广大青年学生"为多少有益于社会改造的事业去牺牲时光，牺牲金钱"②。这个时期的宣传工作特点是树旗帜、写口号，为学生运动摇旗呐喊。第二阶段，国共合作初期，学生运动的重点是"到民间去"。这时的宣传工作有了明确的方向，即到民间去发动宣传最底层的农民。他在《预备暑假的乡村运动——"到民间去"》中鼓励"真热心于革命运动的青年，真不满意于受这种列强横暴的压迫的青年，必须毫无疑惑的投身到民众中间去，为他们作工，使他们信爱我们"③。第三阶段，国共合作中期，他热心关注学生自身建设。他专门做文《学生运动》论述学生运动的重要性，"学生运动并不是比工人运动、农人运动可以看轻的事情"，"他们又可以有力的赞助工人运动、农人运动，以蔚成伟大的革命军"。④ 那么怎样做呢？恽代英给出了许多中肯建议，比如和新生做朋友、努力改良图书馆、体育会和音乐会等事项、组织平民学校、讲演团等，"引他们为社会服役"。同

---

① 张注洪、任武雄编：《恽代英文集》（上卷），北京：人民出版社1984年版，第363页。

② 张注洪、任武雄编：《恽代英文集》（上卷），北京：人民出版社1984年版，第365页。

③ 张注洪、任武雄编：《恽代英文集》（上卷），北京：人民出版社1984年版，第534页。

④ 张注洪、任武雄编：《恽代英文集》（上卷），北京：人民出版社1984年版，第582页。

时，他关注学生会的建设，帮助整顿学生会，使之"做成一个有力的社会运动的组织"。第四阶段，国共合作中后期，特别是五卅运动以后，系统总结宣传经验。《怎样做一个宣传家?》标志着恽代英已经成长为一名资深的职业理论宣传家。他开门见山道："我们不靠用手枪炸弹，打死一个阿猫阿狗，以改造世界；我们不靠象买彩票一样的送几个人到军队中间去，以便逐渐变成督军、师旅长的所谓实力派，以改造世界"；"我们靠宣传的工作；靠一张嘴、一枝笔，宣传那些应当要求改造世界的人起来学我们一同改造世界"。① 此时，恽代英的宣传思想脉络已然清晰、自成体系，而且独具恽代英特色，深受学生喜爱和推崇。

第二层面，在教育领域，反对基督教奴役文化，倡导革命文化。恽代英之所以揭露基督教文化的侵略本质，目的是为了倡导"爱国保种"的革命文化。他热心鼓舞广州"圣三一"学生反对教会学校的民族革命，唤醒全国民众来援助学生革命，他说："外国人的教育，在中国已占势力，尤其是在广东占了不少的势力"，这种教育"直接贻害中国青年，间接灭亡中国的教育"。② 因此，我们要产生革命的文化以及革命的理论家。

第三层面，在生活领域，解答学生的实际问题，为学生排忧解难。《中国青年》常刊登读者来信，主要由恽代英、萧楚女回复。恽代英总是一丝不苟地对待读者来信，耐心指导，传道解惑。这些现实问题主要包括以下三类：第一类是时政问题，主要是解答学生加入政党问题。针对时下诸多热爱革命的人不愿加入政党，沾染政党

---

① 张注洪、任武雄编：《恽代英文集》（下卷），北京：人民出版社1984年版，第696页。

② 张注洪、任武雄编：《恽代英文集》（上卷），北京：人民出版社1984年版，第522页。

色彩的问题，恽代英撰写了《关于学生参加政党问题》来分析这个问题的社会根源，是因为"中国人向来是没有组织训练的，向来是不知道团体生活的。他们只愿意做一些无系统的鼓噪式的群众运动，不知道有服从领袖的必要"，他告诫青年学生，"我们为国家的原故，必须要联合"，"我们为革命，尤其要大的会党，犹其要加入一种组织，服从一种领袖"。① 他在答复华少锋、若兰对这个问题的疑惑时，亦做了耐心全面的解答："手枪、炸弹不是革命'唯一'的利器。我们必需要有一个积极的改造政治经济的主张的党。"② 可见，他十分关注学生对时事政治的敏感度，并有意识地引导他们关心时事、参加政党。

第二类是帮助学生厘清学术与救国关系。保定的一位读者中秀写信给《中国青年》，希望多刊发些关于社会科学的文字，"因为沉睡在科学救国的迷雾里的青年，实在不少呵！"恽代英针对这个现象，几次撰文《学术与救国》《再论学术与救国》《怎样研究社会科学》来厘清二者关系。首先，澄清社会科学与技术科学对救国的用处。他认为救中国，社会科学比技术科学重要得多，"要破坏，需要社会科学；要建设，仍需要社会科学"，"技术科学是在时局转移以后才有用，他自身不能转移时局"。③ 这说明社会科学能够帮助学生寻找改造社会的方法。其次，"打破任何学术都可以救国的谬想"。他辩证地指出："我们认承一切学术，都可以供给救国方略的资料"；

---

① 张注洪、任武雄编：《恽代英文集》（上卷），北京：人民出版社1984年版，第383页。

② 张注洪、任武雄编：《恽代英文集》（上卷），北京：人民出版社1984年版，第530页。

③ 张注洪、任武雄编：《恽代英文集》（上卷），北京：人民出版社1984年版，第388页。

"倘若只有人供给这些资料，而没有研究接受他们，应用他们以解决社会问题的人，我看这与救国，终究是风马牛不相及呢！"① 看来，学术救国仅是教育当局迷惑青年学生的一个欺骗手段，让他们只知道埋头苦读书、不问世事，避免为当局统治带来麻烦。

第三类是解决学生的切实生活问题。恽代英深得《中国青年》读者的信赖，他们纷纷致信恽代英，把内心最纠结的经济问题、家庭问题等都告诉他，希望他指点迷津。《恽代英来鸿去燕录》里真实生动地记录了他帮助青年朋友点滴成长的细节。其中一个突出问题，就是经济压迫造成很多青年学生面临着退学或者脱离家庭的困窘。他曾回信给震泰、崔苏、李显衫、张景良等读者，为他们在黑暗里送去一盏明灯。他说："我接着许多青年要谋生活而无法解决的信"，"青年欲求学而不能求学，欲谋生而无处谋生，这是帝国主义压迫下之中国社会经济所造成，我们除了根本改正中国社会经济状况，是无法救济这般青年的"；"我们应当隐忍于排挤压迫的生活当中，应当尽力所能研究怎样去作革命的宣传以及宣传以后的组织工作。"② 只有伺候国家、改造国家，我们的灰色人生才能得到彻底改变。

（二）青年工人运动

中国共产党四大《对于青年运动之决议案》指出青年工人运动是社会主义青年团最重要的工作，"如何使我们的宣传能达到青年工人是社会主义青年团目前最重要而唯一的问题"③。为了加强青年工

---

① 张注洪、任武雄编：《恽代英文集》（上卷），北京：人民出版社1984年版，第447、449页。
② 张羽、姚维斗、雍桂良：《恽代英 来鸿去燕录》，北京：北京出版社1981年版，第263、197页。
③ 中央档案馆编：《中国共产党中央文件选集》第一册（1921—1925），北京：中共中央党校出版社1982年版，第299页。

人运动，1924年2月，恽代英在《中国青年》上发表了《青年工人运动的注意事项》等文论述怎样开展青年工人运动。

首先，为什么注意青年工人运动？因为青年和工人都是革命的力量，"非工人的青年，自然亦富于革命性；然而容易有浪漫不守纪律的缺点。非青年的工人，自然亦富于革命性；然而亦有时不能有那种如火样的热情。青年工人，实在是最合式的革命先锋队"①。其次，怎样注意青年工人运动？在他看来，"青年工人运动，要注意引导青年工人为改良他们的经济地位与社会地位的争斗，以逐渐进于政治的争斗。""第一件事是要考察他们的真正情形。我们必须从各种城镇各种工厂搜集材料"；第二件事"是要引他们组织工会，要靠工会的帮助，进行于青年工人有利的事情"②。最后，注意青年工人运动的方法。第一个就是调查研究，了解实情。他要求从青年工人的人数、年龄、工资待遇、住宿环境、人际关系、文化程度等各方面进行调研，"从最近的地方，搜集材料起"，从而"知道怎样保护青年工人的利益"，"指导编制他们成为革命的军队"。③第二个就是掌握通俗易懂的谈话方式。我们要懂得青年工人的生活，用他们的语言沟通，"不要向青年工人说学生的话"，就是交谈方式要通俗易懂，避免沟通障碍；第三个就是走群众路线，"常与青年工人的群众相接触"，聚拢青年工人人气，发动他们参加革命。

既然青年工人在国民革命中是"革命先锋队"的地位，那么，

---

① 张注洪、任武雄编：《恽代英文集》（上卷），北京：人民出版社1984年版，第453页。

② 张注洪、任武雄编：《恽代英文集》（上卷），北京：人民出版社1984年版，第453、455页。

③ 张注洪、任武雄编：《恽代英文集》（上卷），北京：人民出版社1984年版，第454页。

恽代英是怎样具体开展青年工人宣传工作呢？主要有两个方面：第一方面，积极宣传鼓吹青年工人参加革命，报效国家。他说："中国革命的先锋队，一定是青年，然而最有用的是青年工人"，因此，积极鼓吹青年工人参加革命军队，充实到"作战的军队"里面，"用你的研究与活动，招募而且编制更有力的先锋革命军。"① 这难怪郭沫若曾回忆道："四川的青年受他的影响的，因此特别多。……那时从四川那样的山坳里，远远跑到广东去投考黄埔军校的一些青年，恐怕十个有九个是受了代英的鼓舞的吧！"② 然而，当"到黄埔去"的口号震遍全国的时候，包括青年工人在内的许多未考取黄埔的青年，产生了失望心理，"甚至有悬梁死的，有跳河死的"，恽代英悲悯不已，遂写下《告投考黄埔军校的青年》一文告诫青年们："一个人便令'到黄埔去了'，若是他没有很合当的态度去过黄埔的生活，与很合当的方法去利用黄埔的机会，仍旧未必因为'到黄埔去'便能解决中国乃至自身的问题，这是投考黄埔的青年所必须知道的"，他语重心长地劝慰道："我不反对青年报考黄埔，但是我反对他们把'到黄埔去'认为是唯一的出路。青年最要紧的精神，是要与运命奋斗，要在任何环境中间都能够解决自己乃至中国的问题。"③ 恽代英希望青年们是以一颗报效国家的赤诚心来参加革命，而不是仅仅为了出路，从而帮助他们端正入黄埔学习的态度。第二方面，通过创办平民学校、演讲等各种方式，来扩大宣传力度。以

---

① 张注洪、任武雄编：《恽代英文集》（上卷），北京：人民出版社1984年版，第455页。

② 郭沫若：《由人民英雄恽代英想到"人民英烈传"》，载《中国青年》，1950年第38期。

③ 张注洪、任武雄编：《恽代英文集》（下卷），北京：人民出版社1984年版，第886、887页。

张太雷、任弼时、恽代英为代表的团中央对具体的宣传方法给出了建设性意见，包括："利用演说、辩论、口号、标语、图画、刊物、纪念集会、平民学校的教材之类，扩大他们宣传煽动的功效"，"利用各种具体的材料宣传到各方面青年群众中去。"① 同时，还注重引导青年工人进行经济斗争。为了引起青年工人对自身利益的重视，恽代英主张青年工人与成人工人"同等的待遇"，要求多研究"青年工人调查与宣传煽动的方法，并在与共产党合作的工会与罢工运动中间，特别拥护青年工人的利益"②。由此可见，青年工人运动不仅要宣传他们加入到革命阵营，做好革命的先锋队，而且还要引导他们为自身利益进行经济斗争。

(三) 青年农民运动

中国共产党四大《对于青年运动之决议案》指出青年农民运动"目前还是一种调查与宣传的工作。乡村教育是社会主义青年团最要注意的"，"社会主义青年团应协助共产党组织农会"③ 等。恽代英把青年农民运动纳入到农村运动中，成为农村运动的一部分。所以，他每在农村运动中论及青年农民运动。这种思维模式确有可取之处，首先，中国革命的依靠势力来自于工人和农民，青年农民作为农民中的特殊一份子，能更好地掌握农民群体的特殊性，便于探寻农民运动的特殊性规律。其次，青年运动的目的是为了更好宣传工人和农民，组织完善农民运动。把青年农民运动放在农民运动的方案里，

---

① 张注洪、任武雄编：《恽代英文集》（下卷），北京：人民出版社1984年版，第620页。

② 张注洪、任武雄编：《恽代英文集》（下卷），北京：人民出版社1984年版，第619页。

③ 中央档案馆编：《中国共产党中央文件选集》第一册（1921—1925），北京：中共中央党校出版社1982年版，第300页。

这样客观上增加了青年农民的使命感：既要参与青年运动，又要领导农民运动，从而更加锤炼革命队伍，使青年农民更快地成长起来。

恽代英在《预备暑假的乡村运动》《农村运动》《农民中的宣传组织工作》等文中从下面几个方面论述青年农民运动。第一，为什么要特别宣传引导青年农民。恽代英在《中国青年》第37期上发表的《农村运动》中诠释了宣传引导青年农民的缘由。因为"普通农民似乎是无革命性的"，他们"无相当的教育，每为安分等邪说所迷惑，以为反抗压迫是罪恶"；"自己无团结，又无外界援助，故不自信有反抗的力量，而谓各种苦痛为天命"；"成年农民感情薄弱，且受痛苦压迫既经多次，渐麻木不知感觉。所以用教育或游戏体育等事，将血气旺盛而初受压迫的青年农民团结起来加以训练，这是我们运动成年农民的链锁，而且亦是我们农村革命的主力军"。① 原来青年农民比普通农民更富革命性，反抗意识更强，更能成为中国革命的主力军。

第二，青年农民在农民运动中的地位。恽代英在《中国青年》第106期上发表的《农民中的宣传组织工作》中指出青年农民是农民运动的骨干，是农民暴动的中坚力量。因为青年农民是干革命、夺政权的主力军，所以他十分重视青年农民运动，他说："革命的组织，应当吸收一般富于革命性的农民，与以比较严格的训练教育，使成为农民运动之骨干；只有这种骨干有力量，农民群众才成了有节制的革命军队。"②

第三，怎样宣传青年农民。这是恽代英领导青年农民运动的重

---

① 张注洪、任武雄编：《恽代英文集》（上卷），北京：人民出版社1984年版，第561页。

② 张注洪、任武雄编：《恽代英文集》（下卷），北京：人民出版社1984年版，第762页。

点，他除了研究一般农民宣传的方式方法外，还特别关注到从青年农民的心理特点进行宣传。归纳起来，主要从三个方面入手：首先，最好的方法是平民教育。"我所谓平民教育，不仅仅是一种识字运动；我以为教他们识字亦好的，教他们看较高程度的书亦好的，教他们写信亦好的，教他们习珠算亦好的；总之他们要甚么，我们便可以教甚么。"① 在他看来，平民教育比讲演与演剧更有功效，可以得"较长的时期与他们相接触"，因为对青年农民有用，故"他们才愿意常接近我们"。但是，"关于教授法，亦是须先加一番研究的"②。在恽代英看来，教授的标准是通俗易懂，目的是让青年农民容易接受，不反感，这样就不会被他们所排斥。其次，从青年农民的兴趣爱好入手。具体地讲，就是"教他们打拳习武，亦可间杂些游戏唱歌"等体育游戏活动。"这些事特别是青年农民所高兴的。我们借这亦可以每天与他们相接近，而且使他们感觉得有兴趣"③。最后，组织青年农民举行暴动。他认为，"农民的暴动是不应当避免的，惟每个暴动应当多少有准备的在我们指导之下发展"④。而青年农民是组织农村暴动最好的人选。因此，通过与青年农民不断接触，激发他们的爱国心和反抗意识，为争取自己的利益而进行农村武装暴动。

---

① 张注洪、任武雄编：《恽代英文集》（上卷），北京：人民出版社1984年版，第537页。

② 张注洪、任武雄编：《恽代英文集》（上卷），北京：人民出版社1984年版，第537页。

③ 张注洪、任武雄编：《恽代英文集》（上卷），北京：人民出版社1984年版，第537页。

④ 张注洪、任武雄编：《恽代英文集》（下卷），北京：人民出版社1984年版，第762页。

总之，恽代英身体力行，他就像一位虔诚的布道者，用自己的言行和高尚的品德感染而影响着一代青年"为解决中国的问题"而自觉加入到革命阵营中来。可以说，那个时代的革命青年没有人没听说过恽代英的，没有人不被他的演讲才能和吃苦精神所佩服，不仅广大青年因为他的号召而投考黄埔军校，而且他还是武汉军校的精神领袖，凝聚着革命青年的斗志，他不愧为叶剑英评价的"青年模范，人民英雄"！

第二节 对农民运动的探索

恽代英是较早关注农民运动的早期中国共产党领导人之一。在他皈依马克思主义之后，就拿起阶级斗争的思想利器来揭露并剖析中国底层特别是广大农民生活被压迫的根源，观照农民群众的悲惨现实。他在执行团中央的"从事于农民运动的宣传及调查"指令过程中，就更深刻地体会到农民运动的必要性、严峻性和紧迫性。早在1924年3月他就发表了专门报道农民现实的文章——《湖北黄陂农民生活》，这是他第一篇探索农民运动的文章，旨在考查并记录中国农村的实际情况，以及佃农、自耕农等农民生活被盘剥的真实情况，以引起民众更多关注农民问题。论文开启了湖北地区实地调研农民问题的历史风气，起到了较强的表率作用。之后，广大追求进步的青年特别是热爱《中国青年》的青年们纷纷在"代英"的感召下，利用节假日或暑期开展轰轰烈烈的"到民间去"乡村运动，推动了农民运动向前发展。其主要内容包括以下几点：

第一，阐述农民运动的必要性。在恽代英看来，农民运动是国民革命的一部分，中国革命欲成功，必须要农民加入到革命阵营中。

他说:"农民哪一天觉醒,改造的事业便是哪一天成功。"① 这主要是由农民的社会地位决定的。首先,农民占人口中的绝大多数,它"占全国人口百分之七十以上,所以是民众的一大部分"。只有"大多数被压迫民众觉悟了,才能督促而夹持革命的势力"。② 因此,他指出,"我们简直可以说,国民革命便是农民革命,农民得到了解放才算国民革命成功。"③ 其次,农民处于社会最底层,所受痛苦最深。《国民革命与农民》深度剖析了农民被剥削的苦痛。农民主要来自五个方面的剥削:"第一,土匪、军队、民团的骚扰。土匪固然是耕田人最大的祸害,但是军队和民团(土豪劣绅所指挥的民团)也一样的时常劫掠农村、勒索农民";"第二,内战";"第三,苛抽暴敛";"第四,土豪劣绅和大地主的剥削";"第五,水旱天灾"。因为"耕田人的痛苦,真是要比其他各种人民更为利害"④。所以农民要求革命的愿望最强烈,其革命性更彻底。而"国民革命的目的,既然是求中国的自由平等,那便是为全国大多数的人民求幸福,为全国大多数人民的利益而革命",而"农工群众是占全国人口最大多数,所以国民革命特别注重农工群众的利益"⑤。因此,为求得新民主主义革命的成功,我们必须赞助农民运动。

---

① 张注洪、任武雄编:《恽代英文集》(上卷),北京:人民出版社1984年版,第511页。

② 张注洪、任武雄编:《恽代英文集》(上卷),北京:人民出版社1984年版,第559页。

③ 张注洪、任武雄编:《恽代英文集》(下卷),北京:人民出版社1984年版,第919页。

④ 张注洪、任武雄编:《恽代英文集》(下卷),北京:人民出版社1984年版,第915—917页。

⑤ 张注洪、任武雄编:《恽代英文集》(下卷),北京:人民出版社1984年版,第918、919页。

第二，总结农民宣传组织工作经验。恽代英对农民宣传组织工作有着独特见解。如果说《湖北黄陂农民生活》是他关于农民运动的开山之作的话，《农民中的宣传组织工作》则是他对农民宣传组织工作由实践经验上升为理论的代表力作。论文从政治、经济、文化三个方面系统归纳以往的农民宣传组织工作，既有的放矢，又因地制宜。首先，在政治方面，用生动活泼的语言、形式多样的方式，提高农民对政治的兴趣。在内容上，"用描述故事的态度为农民解说各种世界以及中国的大事"，"多搜集有味的琐事，以鼓励听众的兴趣"①。在形式上，能"将时事预先编成比较长篇的小说，以为宣传之根据最好"，"如能将政治上各种事实编成歌曲、弹词、剧本自然更好"。② 这样，能在潜移默化中提高农民的政治觉悟，自然"容易接受我们其他的宣传"。在组织上，我们"要组织可以为农民群众作经济争斗的农民协会"。他是"被压迫的中农、小农、佃农、雇农的组织，地主是不得参与的"。农民协会在最初是"少数农民加入即当进行组织，在不能公开组织之地方应秘密组织之"。③ 这样，可以吸纳一些具有革命性的农民，经过较严格的训练，从而变成"农民运动之骨干"，成为"有节制的革命军队"④ 的重要组织力量。

在经济方面，要了解农村生活的实际，积极寻找救济办法。恽

---

① 张注洪、任武雄编：《恽代英文集》（下卷），北京：人民出版社1984年版，第759页。
② 张注洪、任武雄编：《恽代英文集》（下卷），北京：人民出版社1984年版，第759页。
③ 张注洪、任武雄编：《恽代英文集》（下卷），北京：人民出版社1984年版，第762页。
④ 张注洪、任武雄编：《恽代英文集》（下卷），北京：人民出版社1984年版，第762页。

代英提出，要做农村宣传工作，自然要懂得"因势利导"的道理，"我们努力的第一步，便是要明白农民生活的情况。"① 知道农民的痛苦、希望和欢喜，"就各个实际问题剖析指示一般农民；这种宣传，是比政治的宣传，更容易打动农民的心坎，而引起他们的实际行动的"②。为了宣传适当，"须注意调查农民生活，农村地方状况，并须注意有关于财政经济上的各种常识"。那么，首先就要多与农民谈话，多向农民学习，与农民交心，"我们能从农民本身生活说起，而又能与以切实解决的方法，便可以引导他们为此加入革命的战线"③。

在文化方面，首先，"最好不要从破除迷信、改良风俗等运动下手"④。因为这些"差不多都是农民逆耳之言"，"最易惹乡村中农民之误会，我们须斟酌情势不可孟浪为之"。⑤ 不然，会严重影响农民宣传工作的。其次，办平民教育。恽代英认为，平民教育，"不仅仅是一种识字运动"，"他们要甚么，我们便可以教甚么。这样，他们才觉得平民教育是他们有意的事，他们才愿意常接近我们"。⑥ 同

---

① 张注洪、任武雄编：《恽代英文集》（上卷），北京：人民出版社1984年版，第512页。

② 张注洪、任武雄编：《恽代英文集》（下卷），北京：人民出版社1984年版，第760页。

③ 张注洪、任武雄编：《恽代英文集》（下卷），北京：人民出版社1984年版，第761页。

④ 张注洪、任武雄编：《恽代英文集》（上卷），北京：人民出版社1984年版，第536页。

⑤ 张注洪、任武雄编：《恽代英文集》（下卷），北京：人民出版社1984年版，第761页。

⑥ 张注洪、任武雄编：《恽代英文集》（上卷），北京：人民出版社1984年版，第537页。

时，还可以教他们珠算、拳术以及"八段锦"等各种知识，以增加农民对我们的信任，从而提高他们参加革命的兴趣。

第三节　对妇女运动的探索

恽代英的妇女思想是他极富人格亮点的一个领域。他自号"永鳏痴郎"，对爱情婚姻无比坚贞，尊重女性，怜悯弱者，极富人性关怀。由于家变（妻子难产而亡），更加促使他成为一名坚定的为妇女平权、妇女解放的猛士。其中，他一反世俗，为怀念亡妻，坚决不续弦，这在当时引起极大的轰动，即使在妇女已解放的今天，也令人赞叹！恽代英对妇女运动的探索主要包括以下几点：

第一，挖掘妇女不平等的根源。1923年10月10日，恽代英在上海《国民日报》附刊《妇女周报》上发表《妇女解放运动的由来和其影响》。论文揭露了妇女受压迫的根源，正式确立马克思主义妇女解放观。首先，他指出妇女解放运动的原因。一是"因中西习俗的接触而促使人权观念的觉醒"；二是"因伦理观念的改变而唤起妇女解放的要求"；三是"因经济势力的压迫而引起宗法家庭的崩坏"。而"上面说的三种原因，第三种原因最为重要"①。其次，他深刻分析妇女解放运动的影响。一是"女子地位的增进"；二是"个人主义的勃兴"；三是"企求佣给生活者的加多"；四是"家庭婚姻的完全破裂"。② 最后，他科学总结出这些原因和影响的"万恶

---

① 张注洪、任武雄编：《恽代英文集》（上卷），北京：人民出版社1984年版，第352—353页。

② 张注洪、任武雄编：《恽代英文集》（上卷），北京：人民出版社1984年版，第353—354页。

之源，都是由于这种恶经济组织"①。那么，妇女解放根本之途"最要紧的是大家协力改良经济组织。只有这才是合理的，最终的解决"②。

他在《少年中国学会苏州大会宣言》中，对包括妇女问题在内的一切社会问题进行深层次的剖析。他认为社会问题的根源是"因经济的压迫，兵匪的纷扰，民生既日窘迫，民气日渐消沉"。具体表现在两个方面：一是"英、美、法、日挟其帝国主义的淫威，干涉税务……以至一国政治、经济的大权，俱为外人所掌握，而国民的思想言论，亦不自觉的渐奴服于国际势力之下"③。二是"国内不肖的外交、军政当局，且复利用外人以自为引重，而排斥异己。内奸外宄，狼狈以戕贼国家"④。所以，他把"反对国际帝国主义的侵略"和"打倒军阀肃清政局"⑤ 作为革命的首要任务。

第二，探寻妇女解放的途径。既然经济制度是妇女地位低下的实质，那么，怎样推翻旧的经济制度、改变中国妇女地位呢？首先，用阶级斗争推翻帝国主义、封建军阀。恽代英指出，帝国主义、封建军阀是压在中国人民头上的两座大山，他们共同压榨中国，致使中国沦为半殖民地半封建社会。其中，帝国主义是中国社会的主要

---

① 张注洪、任武雄编：《恽代英文集》（上卷），北京：人民出版社1984年版，第356页。

② 张注洪、任武雄编：《恽代英文集》（上卷），北京：人民出版社1984年版，第356页。

③ 张注洪、任武雄编：《恽代英文集》（上卷），北京：人民出版社1984年版，第357页。

④ 张注洪、任武雄编：《恽代英文集》（上卷），北京：人民出版社1984年版，第359页。

⑤ 张注洪、任武雄编：《恽代英文集》（上卷），北京：人民出版社1984年版，第359页。

乱源，是"压迫中国民众的最大势力"①。因此，他鼓励"有血性的妇女和青年，要认定非政治改革，终无所谓自由解放，要认定非大家加入革命的党，以分途协力的促进政治改革，终无所谓自由解放"②。在联合妇女群众方面，恽代英认为可以团结教育广大妇女，说服她们"要为 Revolution［革命］的运动，不要为 Reform［改良］的运动"，不要去做"那些无实效的慈善家、教育家，乃至各种社会改良家"③，而要做革命家。事实上，恽代英发展了一大批妇女革命者，培养了像赵一曼、陈觉吾、胡钧等一些杰出革命家，储备了革命力量。其次，妇女运动要与民族运动相结合。恽代英认为，妇女解放是社会解放的一部分，只有把妇女解放纳入到社会解放的潮流中，只有先求得社会解放，才能求得妇女的根本解放。这包含两层含义：一层是妇女解放运动要以民族解放运动为前提。妇女解放运动要围绕着民族解放运动展开，只有民族得到解放，妇女才能得到解放。他指出，"我们为全人类解放而赞助全妇女解放，为全妇女解放而赞助一般妇女的解放运动"。④ 可见，两者是整体与局部的关系。另一层是在民族解放运动中，要重视妇女解放运动，加强妇女运动的指导。恽代英在担任《中国青年》主编期间，十分关心女青年，除了组织文章展开讨论她们所关心的问题之外，还亲自撰文解

---

① 张注洪、任武雄编：《恽代英文集》（下卷），北京：人民出版社1984年版，第897页。

② 张注洪、任武雄编：《恽代英文集》（上卷），北京：人民出版社1984年版，第464页。

③ 张注洪、任武雄编：《恽代英文集》（上卷），北京：人民出版社1984年版，第334页。

④ 张注洪、任武雄编：《恽代英文集》（下卷），北京：人民出版社1984年版，第634页。

答有关问题。五四运动后，女子参政十分盛行，有些好出风头的"新女子"以女界领袖自居，到处演讲，引起了不少女青年的羡慕。他专门撰文《妇女运动》，揭露女子参政的欺骗性，为女青年指点迷津。他指出，这些"出风头"的女子，决不是为全体女同胞的解放，而只是求"自身的解放"，她们靠"口才或者是狡猾的伎俩，或者因为好的运气，得着做了一个统治阶级的高等奴隶"①。因此，恽代英提出需要有能指导妇女运动的女领袖，她们能"为女学生谋一种团体组织，引导女学生参加民族运动；特别是希望他们为女工办平民学校，使女工认清他们经济上与资本家的冲突，使他们知道女工与男工是同一阶级的战斗伴侣"②。所以，他迫切呼吁，"我们很恳切的需要真正的妇女运动家，我们很恳切的需要能引导女学生、女工参加民族运动与改造社会运动的人。……我们为全人类解放而赞助全妇女解放"③。

第三，提出以改造社会为目的的妇女教育观。妇女教育观是恽代英妇女运动的一大特色内容。他把妇女接受教育作为改造社会、改造妇女的重要手段，力图通过提高包括妇女在内的国民素质来增强革命的力量，以争取革命最大程度的优化。首先，揭示妇女接受教育的目的。恽代英明确表示，中国妇女受教育的根本目的是为了改造社会、推翻罪恶的经济制度。他指出中国教育的对象应是大众的、普遍的。他说，教育"是不拘他属何种阶级的子弟，只要他感

---

① 张注洪、任武雄编：《恽代英文集》（下卷），北京：人民出版社1984年版，第631—632页。

② 张注洪、任武雄编：《恽代英文集》（下卷），北京：人民出版社1984年版，第633页。

③ 张注洪、任武雄编：《恽代英文集》（下卷），北京：人民出版社1984年版，第634页。

觉灵敏，情感纯挚，意志强固，气质朴实，便应当加以特别的陶铸"①。其次，提出妇女接受教育的具体措施。就农村妇女而言，恽代英主张对其进行宣传教育的方针。由于农村妇女的生活特点，对农村妇女最好进行宣传教育，这样，她们更容易接受，教育工作更能见成效。他主张因势利导，用真挚朴素的革命情感和朴实易懂的交流方式打动农村妇女，切忌从改变社会习惯入手。

就女工而言，他采用同农村妇女一样的宣传教育方针，只是宣传教育的内容不同。他提出，对女工的宣传应"与他们的生活最有关系的问题'如读书、升学结婚、求业'说起"②。宣传的语言应该通俗易懂、平易近人，多办女工组织，多做"社会事业"，从而扩大革命的同盟军，增强革命的力量。

就女学生而言，恽代英十分注重女学生的思想政治教育，把她们的思想政治教育放在重要位置，为革命培养大批骨干人才。他认为女学生是革命的后备军，将是革命的中流砥柱，因而她们必须先在思想上入党，时刻做好为革命牺牲一切的准备。同时，他还同错误的歧视女性论调做斗争。如批判基督教对女性的偏见，他说："基督教的教育事业、社会事业，主要是在骗人做他们的信徒。……他们只知迎合社会上卑劣心理，读一点四书，做几篇古文，严厉禁止学生请假外出，不许女学生轻易见男子的面。"③ 这是歧视女生的错误教育，应该坚决抛弃掉。因此，他鼓励女生只有通过救自己才能救中国，最终坚定革命的信念。

---

① 《恽代英教育文选》，武汉：湖北教育出版社1991年版，第297页。
② 《恽代英教育文选》，武汉：湖北教育出版社1991年版，第344页。
③ 张注洪、任武雄编：《恽代英文集》（上卷），北京：人民出版社1984年版，第393页。

最显著的成绩是，1927年恽代英在武汉军校创办女生队。学校招收了183名女战士，这是中国革命历史上一个重大的创举，在中国妇女运动史上写下了光辉的一页。女兵们都曾是《中国青年》的热心读者，受其熏陶而走上革命道路的。他曾用这样一番话鼓舞并影响了这批女兵："中国的妇女，历来受着深重的压迫，在封建礼教的束缚下，她们是男人的附属品，没有一点权利。俄国十月革命的炮声，惊醒了中华民族，也惊醒了广大妇女。在革命思想的影响下，中国妇女们正在认识和寻求解放的真理和道路，而你们女生队的同学是中国妇女的先锋，是中国妇女的榜样。在中国革命事业中，你们要和男同志一样，严格要求自己，遇到困难不要后退，在革命的熔炉中不断锤炼自己，努力完成打倒帝国主义、打倒军阀、打倒土豪劣绅及一切封建势力的任务。"① 在恽代英的亲切教导和关怀下，这批女兵积极投入到火热的革命斗争中，在艰苦漫长的岁月里，涌现出李坤泰（即赵一曼）、陈觉吾、胡钧、游曦等许多优秀战士，为中国革命和妇女解放事业做出了重要贡献。

---

① 转引自田子渝等：《恽代英传记》，武汉：湖北人民出版社1984年版，第134页。

第五章　恽代英对武装斗争革命道路的探索

毛泽东同志曾在著名的《〈共产党人〉发刊词》里指出："统一战线问题，武装斗争问题，党的建设问题，是我们党在中国革命中的三个基本问题。正确地理解了这三个问题及其相互关系，就等于正确地领导了全部中国革命。而在18年党的历史中，凭借我们丰富的经验，失败和成功、后退和前进、缩小和发展的深刻的和丰富的经验，我们已经能够对这三个问题做出正确的结论来了。"① 这段精辟论述充分说明了中国共产党人经过长期的革命斗争和实践摸索才获得了中国革命成功的三大法宝：统一战线、武装斗争和党的建设。众所周知，党在探索这三大法宝时经历了一番艰难曲折、由量变到质变的涅槃过程才迎来了这个胜利的果实。可以说，恽代英是探索这三个基本问题的先驱之一。本章重点论述他的武装斗争思想对早期马克思主义中国化的突出贡献。

---

① 《毛泽东选集》第2卷，北京：人民出版社1991年版，第605—606页。

第一节　对北伐战争的探索

北伐战争是指为求得中国完整统一，由国民革命军高举"打倒列强，除军阀"口号，北进讨伐北洋政府的战争。1926年5月上旬，广东革命政府派遣国民革命军第四军叶挺独立团和第七军一部为北伐先遣队，从广东肇庆出发，挺进湖南，揭开了北伐战争的序幕。1928年12月29日张学良宣布奉吉黑三省改悬挂青天白日满地红旗政令，即东北易帜。至此，北伐战争结束，国民革命军完成了中国形式上的统一，由蒋介石领导的国民党取得了统一后的政权。1926年7月12日和14日，中国共产党中央和国民党中央分别发表《中国共产党对于时局的主张》和《北伐出师宣言》，号召全国人民支持国民革命军北伐。恽代英在北伐初始的关键时刻，"任命于危难之间"——就任黄埔军校政治主任教官，开始主持国民革命军的军队党建工作。1927年2月12日，中央军校武汉分校正式成立，恽代英成为该校的实际负责人。3月27日，中央军校武汉分校改为中央军事政治学校，实际上由恽代英全权负责校务工作，客观上成为中国共产党领导的武装力量。其间由他直接领导的由武汉中央军校学生组成的独立师在保卫武汉的战斗中做出了重要贡献。可以说，恽代英为北伐战争做出了不可磨灭的贡献。

第一，深刻认识到北伐战争的重要性。1926年4月，恽代英在黄埔军校做《革命之障碍》（简称《障碍》）的演讲。在笔者看来，《障碍》从内容到文风，名义上是鼓励黄埔学生多了解"中国形势"，用功学习，积极投入到革命潮流当中，实为即将开始的北伐战争宣传造势。文章开门见山地说："我们为甚么要革命？""是因为

第五章　恽代英对武装斗争革命道路的探索

大多数民众受了种种压迫，生活感觉得不安定，所以自然起来要求革命。我们为大多数民众利益而革命，那便可知革命一定是大多数民众赞成的。"① 原来，北伐战争是因为"大多数民众利益"而举行的正义之战，为了全面、充分备战，他总结了以往革命未成功的经验，主要是因为主观方面和客观方面的"妨害"，为北伐直接提供参考。可见，《障碍》对北伐具有特殊的意义。在北伐前期，恽代英专门做文《为自己的利益而奋斗》，提出了"自己的利益总要靠自己的力量奋斗，为自己的利益努力奋斗"② 的北伐主张，充分调动民众支持北伐的积极性，为北伐摇旗呐喊，鼓舞士气。

1926年，恽代英在为国民革命军总司令部政治部编印的丛书《国民革命与农民》《国民革命》中归纳了北伐的目的及实质。"北伐目的便是援助被压迫的农民阶级，去打倒我们共同的敌人帝国主义、军阀、贪官污吏、土豪、劣绅、大地主、买办阶级以及一切反革命派，统一全中国，实现孙中山先生的三民主义，完成国民革命，为最大多数的农工阶级谋利益。所以革命军北伐的责任和目的是完全为农工群众的利益的。"③ 因此，为了完成上述任务，必须北伐，北伐实质是结束中国四分五裂的割据状态，反对帝国主义反对封建军阀的国共合作的正义之战。故恽代英呼吁"赶快组织我们的团体，

---

① 张注洪、任武雄编：《恽代英文集》（下卷），北京：人民出版社1984年版，第806页。

② 张注洪、任武雄编：《恽代英文集》（下卷），北京：人民出版社1984年版，第844页。

③ 张注洪、任武雄编：《恽代英文集》（下卷），北京：人民出版社1984年版，第921页。

容纳国民党的指导，拥护国民党和国民政府，援助国民革命北伐军。"① 从而推动北伐的顺利进军。

第二，提出援助北伐具体方案。首要一点，就是组织群众，发动社会各界群众支持北伐。恽代英宣传发动工人阶级、学生支持北伐。主要一点就是煽动和组织工人、学生积极支持北伐。对于工人而言，一边要加强党团的组织，指导工人运动，"工会中要有工会的党团"②，以配合北伐进程；一边要提出切实的宣传口号，以博得他们的同情。"简单明了、使民众易于了解接受的口号"③，"才易得着人民的同情"④。对于学生而言，"要利用机会公开的训练群众"⑤。恽代英指出，要利用学生会的平台到处宣传、做报告，"并且要学生会发告学生的传单，用这去训练一般学生、工人群众"。⑥ 同时，要特别鼓动农民支持北伐。因为"国民革命的目的是为大多数人民的利益而奋斗的"，而农民"占全国人口最大多数"，所以要宣传发动农民参加国民革命。故恽代英提出了"国民革命便是农民革命，农

---

① 张注洪、任武雄编：《恽代英文集》（下卷），北京：人民出版社 1984 年版，第 922 页。

② 张注洪、任武雄编：《恽代英文集》（下卷），北京：人民出版社 1984 年版，第 911 页。

③ 张注洪、任武雄编：《恽代英文集》（下卷），北京：人民出版社 1984 年版，第 909 页。

④ 张注洪、任武雄编：《恽代英文集》（下卷），北京：人民出版社 1984 年版，第 910 页。

⑤ 张注洪、任武雄编：《恽代英文集》（下卷），北京：人民出版社 1984 年版，第 912 页。

⑥ 张注洪、任武雄编：《恽代英文集》（下卷），北京：人民出版社 1984 年版，第 913 页。

民得到了解放才算国民革命成功"① 的主张。这个观点跟毛泽东的看法不谋而合,都看到了国民革命的实质,即发动农民参加北伐战争。那么,怎样发动农民?恽代英提出了"三步走":"第一步要团结起来,组织农民团体,先由每村的农民结合成小团体,再集合各村的团体成为一乡的大团体";第二步,必须要有"指导我们去活动的主义和党";第三步,"我们结合团体去要求我们的利益,参加国民革命。"② 归纳起来,就是有计划有组织地组织农民、"组织农会,编练农军",用农民暴动去打倒一切反革命派,这样,才能达到北伐的目的。

第三,制定工农商学联合政策。恽代英认为,为了各阶级联合的革命,"所以国民革命,是为各阶级利益的革命,亦是各阶级人们都有加入之必要的革命"。③ 因此,有必要制定工农商学联合政策。但是,由于"各阶级利益究竟是不同的",该怎样制定联合政策以促进北伐呢?恽代英给出了求同存异的方法,即在围绕共同目标的基础上谈合作,那么,"各阶级目前有个共同的利益的,就是打倒帝国主义和军阀,在这一点上各阶级是有联合的可能和必要的"。④ 因此,工农商学基于"共同的敌人——帝国主义和军阀"这个共同目标的基础下实行联合,一起援助北伐革命。联合策略如下:"不要轻

---

① 张注洪、任武雄编:《恽代英文集》(下卷),北京:人民出版社1984年版,第919页。

② 张注洪、任武雄编:《恽代英文集》(下卷),北京:人民出版社1984年版,第920页。

③ 张注洪、任武雄编:《恽代英文集》(下卷),北京:人民出版社1984年版,第882页。

④ 张注洪、任武雄编:《恽代英文集》(下卷),北京:人民出版社1984年版,第882页。

视商学势力。不要忘记农工是革命的根本的力量。注意工农商学各阶级共同的要求。注意工农商学各阶级利益冲突的地方。"① 这些才能有效整合全民力量，有力推进北伐。总之，恽代英对北伐战争的深刻认识，对于中国共产党关于北伐正确认识的形成发挥了积极作用。历史昭示，北伐的胜利进军歼灭了北洋军阀的反动统治，客观上遏制了帝国主义侵略中国的嚣张气焰，鼓舞了全国人民反抗强权的士气，提高了民族自尊心和自信心，因此，"北伐战争是国共两党共同进行的一场革命的、正义的战争"。②

第二节　对军事政治工作的探索

恽代英"是中国共产党党内最早认识到武装斗争重要性的杰出领导人；他在黄埔军校期间，与周恩来等一起创立了关于军队政治思想工作的理论，是人民军队政治思想工作的开创者和奠基人之一"③。恽代英任黄埔军校政治主任教官以来，进一步完善周恩来的军队政治工作，不仅健全了党代表制度，而且把政治部建设得欣欣向荣，开创了黄埔军校思想政治工作新局面，使军校建设焕然一新，不仅提高了军队战斗力，而且使军校教育注入新活力。毛泽东曾评价道："那时军队设立了党代表和政治部，这种制度是中国历史上没

---

① 张注洪、任武雄编：《恽代英文集》（下卷），北京：人民出版社1984年版，第883页。

② 中共中央党史研究室：《中国共产党历史》第一卷（1921—1949）上册，北京：中共党史出版社2011年版，第174页。

③ 李良明：《恽代英思想研究》，北京：人民出版社2011年版，第296页。

有的，靠了这种制度使军队一新其耳目。一九二七年以后的红军以至今日的八路军，是继承了这种制度而加以发展的。"① 总之，恽代英等早期中国共产党人开创了军队思想政治教育制度，对军事政治工作做出了杰出贡献。

第一，注重军队思想政治教育。在恽代英看来，"在党军中间，党高于一切"，意思是说，"军队不能违背党的主义，所以军纪是在党纪监视之下的；同时亦是说军队是完全为党的主义工作的"。②"所以我们要政治教育，要党部组织，每个同志要服从党纪。"③ 因此，中国共产党开创了军队思想政治教育工作局面，它不仅提高了军事战斗力，而且纯洁了党的队伍。在黄埔军校的任教期间，恽代英专门开设了《政治学概论》《中国民族革命运动史》等思想政治教育课程，为北伐战争乃至抗日战争等培养了一大批政治信仰坚定、政治素质过硬且训练有素的现代化军事人才。叶挺独立团就是一个最好例证。在北伐期间，叶挺独立团所向披靡，攻无不克战无不胜，使北洋军阀闻风丧胆，成为一支骁勇善战的锐师。它之所以有如此的"神力"，这与周恩来、恽代英等政治教官们对黄埔学员特别是一期学员的用心栽培不无关系，这更凸显出思想政治教育对军事训练的特别威力。

第二，总结军队政治工作方法。恽代英在《军队中政治工作的方法》全面归纳了其在黄埔工作的心得体会，对军队建设颇有见解。他认为，要使这些军队"都有变成人民的军队的可能，其责任便全

---

① 《毛泽东选集》第 2 卷，北京：人民出版社 1991 年版，第 380 页。

② 张注洪、任武雄编：《恽代英文集》（下卷），北京：人民出版社 1984 年版，第 798 页。

③ 张注洪、任武雄编：《恽代英文集》（下卷），北京：人民出版社 1984 年版，第 797 页。

在我们政治工作人员身上"①。恽代英极诚恳地表达了军队政治工作的重要性。他认为,"用怎样的方法把现在的军队,引导到我们所要他去的地方去。"其"所要他去的地方"就是"真正三民主义的地方"。那么,"怎样的方法"就包括下面四点内容:

首先,正视政治工作的地位。恽代英精当地定位了政治工作在军队中的地位,它既不是唯一重要的地位,也不是处于次要的地位,他认为"一般做政治工作的人","格外将政治工作说得重要,但这是很不好的,自然政治工作是重要,但是绝对不是唯一的重要",因此,"我们一定承认军队中所有的工作,各有其相当的重要地位,一定要尊重人家的工作,方不至令人发生反感。"② 另外,"政治工作要与其他的工作有很好的连系",政治工作决不是闭门造车的,而是时时与其他工作特别是军事训练紧密相连,这样使"其他的工作都可以得些好处","人家亦看重政治工作,至少他们亦不会有意与政治工作人员为难的"。③ 这也是军事政治工作的要领。

其次,要善于联络军官,使军官支持政治工作。恽代英指出,军队中存在这样一种错误的观点,就是"常以为官长不看重政治工作,便说他们是反革命的"。在他看来,这都是不懂得怎样做军官的政治工作而带来的误区,因为"以前做政治工作的人实在做得不好,他们自以为懂得政治,无论在什么地方,把傲慢的态度摆起来,而且过分的藐视军官",自然"军官不要有你这种态度的人去做政治工

---

① 张注洪、任武雄编:《恽代英文集》(下卷),北京:人民出版社 1984 年版,第 846 页。

② 张注洪、任武雄编:《恽代英文集》(下卷),北京:人民出版社 1984 年版,第 850 页。

③ 张注洪、任武雄编:《恽代英文集》(下卷),北京:人民出版社 1984 年版,第 850 页。

作罢了"，其实，"只要我们对症下药，慢慢的宣传，亦未尝不可以接受政治宣传的"。① 因此，"我们切不可轻易的说这个反革命，那个反革命"，只要我们"不伤害他们的位置，使他们不至于恐慌起来"，"他们亦不会怎样妨害我们的政治工作的"②。中国共产党人只要消除军官对政治工作者的心理芥蒂，让他们慢慢接纳政治工作者，认同政治工作者的工作，军队的政治工作就可以有效地开展的。

再次，要善于"谨慎应付环境"。恽代英在军事政治工作中有一个显著特点就是善于总结，这对政治工作者来说大有裨益的。其中，有两个成功的心得为恽代英所推广。心得之一是如何处理军队政治工作环境。在他看来，"军队中作政治工作，自然一定会有许多困难的，最要紧的是要我们会应付任何环境。"甚至是"牺牲一部分工作来与军官谋相当的妥协"，这样才"千方百计将党的正确主张传达到兵士方面去"。③ 那么，如何"妥协"呢？就是"认清环境"，"小心谨慎"、"善于应付"基层军官如团长、营长的规定要求，千万不要"一味孤行己意"，免得引起基层军官的反感，"所以我们无论在顺境或逆境中间，都要能小心谨慎应付一切，才可以扫除工作之障碍，如果不能小心谨慎、善于应付，无论遇着顺境逆境都是会做不好的"。因此，恽代英总结其工作经验就是"我们做一切事，总先要估量我们的力量如何，自己没有力量便令应该做的事情，都不可随便去做，象现在一般人完全不问自己力量，爱管闲事，随口批评人

---

① 张注洪、任武雄编：《恽代英文集》（下卷），北京：人民出版社1984年版，第851页。

② 张注洪、任武雄编：《恽代英文集》（下卷），北京：人民出版社1984年版，第851页。

③ 张注洪、任武雄编：《恽代英文集》（下卷），北京：人民出版社1984年版，第852页。

家，反对人家，这是很不对的。"① 原来，"小心谨慎、善于应付"是其做人、处事的一个方法，成为军队政治工作的有力武器，既能避免自己受制于人，还能妥善处理好与军官的关系，进而支持政治工作的开展。

最后，总结军队政治工作的诀窍，即多宣传为主义而战的革命信仰，不可太强调自身实际。这是恽代英军事政治工作心得之二，也是其总结出与农工运动最大的不同之处。农工运动注重"为本身利益而争斗"的宣传宗旨，而军队政治工作恰恰相反，特别注重"为农工利益奋斗"的"革命的信仰"的宣传宗旨。军事政治工作人员必须要担负国家兴旺职责，"要使军队的精神团结得更坚固，决不可以不负责任的去煽动兵士，宣传太着实际是免不了有煽动之危险的"，"宣传太着实际"会让兵士都只为自己的利益去争抢，而忽略军人的职责，因此，军队政治工作的目的是要"增加士兵的觉悟程度与革命精神，坚定士兵对于革命的信仰"②。这样才使士兵"认清为农工利益奋斗便是为自己的利益奋斗"，这才是"我们主要的任务"。此外，为了唤醒兵士为农工利益奋斗，还需要普及基本革命知识，使"他们懂得革命的全部分的利益，才可以不使他们不因一部分的利益，而忘记了全部革命的需要"③。这才是把真正的军事政治工作落到实处。

第三，注意军纪教育。恽代英认为，"党的主义不是一个空洞的

---

① 张注洪、任武雄编：《恽代英文集》（下卷），北京：人民出版社1984年版，第852页。

② 张注洪、任武雄编：《恽代英文集》（下卷），北京：人民出版社1984年版，第854页。

③ 张注洪、任武雄编：《恽代英文集》（下卷），北京：人民出版社1984年版，第854页。

第五章 恽代英对武装斗争革命道路的探索

学说"，为了使主义不成为"空谈"，"一定要有严整的纪律，能部勒数万或数十万党员，在党的命令之下一致活动。一若无纪律，不能使党员一致服从党，则党虽大而力弱，不能担负革命使命的。"① 看来，军纪是保证士兵奋勇作战的保障，而士兵一旦革命起来，服从命令则成为军人的天职，是制胜的前提。他还特别提出，"党员要守纪律，最注意是在不愿守纪律时能守纪律。"② 这指出军纪最大的作用就是约束士兵行为，统一作战言行，从而提高作战的战斗力，保证革命顽强势力。可见，恽代英的军纪教育对开创军队政治教育工作做出了重要贡献。

第三节 对革命道路的探索

毛泽东在《〈共产党人〉发刊词》里定义的武装斗争，就是"在无产阶级领导之下的农民战争"③。并指出在北伐战争时期，"我们党虽已开始懂得武装斗争的重要性，但还没有彻底了解其重要性，还没有了解武装斗争是中国革命的主要斗争形式"。在土地革命战争时期，"我们党已经建立了独立的武装队伍，已经学会了独立的战争艺术，已经建立了人民政权和根据地。"④ 从中看出，中国的一个特殊革命规律就是：我国的武装斗争道路实质是农民起来独立革命、

---

① 张注洪、任武雄编：《恽代英文集》（下卷），北京：人民出版社1984年版，第875页。

② 张注洪、任武雄编：《恽代英文集》（下卷），北京：人民出版社1984年版，第875页。

③ 《毛泽东选集》第2卷，北京：人民出版社1991年版，第609页。

④ 《毛泽东选集》第2卷，北京：人民出版社1991年版，第609页。

取得革命成功的农民战争。恽代英为探索这个革命规律发挥了重要作用。

一、对武装斗争的探索

大革命时期，恽代英的武装斗争思想集中体现在"作战的联合"战略，即武装斗争与联合战线紧密结合。他早在1922年9月25日在《东方杂志》上发表的《民治运动》论文中就开始有意识地思考中国革命道路问题，即"联合作战"的武装斗争道路。他指出，"我们要利用各种机会与目标，使这种作战的联合，练习作战。从来社会的凝结，战争是一个重要的力量。"① 他第一次提出联合所有"有心为中国做事的同志""向政治上战斗，实现真正的民治政治"，并进一步指出中国的"民主革命仍必假军队与群众之力以成功"。② 这句话的意义在于在大革命初期，党内的普遍认识是"中国国民党应该是国民革命之中心势力，更应该立在国民革命之领袖地位"③。即承认国民党的革命领导地位，认为年轻的中国共产党在政治条件及能力等方面都不成熟，而不足以担任革命领导者，而恽代英却另辟蹊径，发现了革命的成功不在于国民党的领导，而在于"军队"和"群众"的结合。"军队"是"武装斗争"的最重要的元素，"群众"就是相对应的"统一战线"的最初元素。这时的他基本触摸到中国革命之道，即军事武装与群众联合的革命模式，尽管未被党中

---

① 张注洪、任武雄编：《恽代英文集》（上卷），北京：人民出版社1984年版，第341页。

② 张注洪、任武雄编：《恽代英文集》（上卷），北京：人民出版社1984年版，第349页。

③ 中央档案馆编：《中国共产党中央文件选集》第一册（1921—1925），北京：中共中央党校出版社1982年版，第128页。

第五章 恽代英对武装斗争革命道路的探索

央重视，但这无疑是早期中国共产党人探索的智慧火花，为革命实践储备了正能量。

土地革命战争时期，恽代英的武装斗争思想集中表现在重视武装斗争的重要性上。"大革命的失败表明，党的领导、统一战线、武装斗争，是中国革命的基本问题。只有正确认识和解决了这些问题，才能推进革命事业的发展，并取得最后的成功。"① 大革命之后，革命运动陷入低潮，为鼓舞士气，临时中央委员会决议南昌起义，恽代英担任前敌委员。这时张国焘带着"国际来电"，企图阻止起义，遭到了恽代英的坚决抵制，他警告张国焘，"现在南昌暴动一切准备好了，忽然又来了什么国际指示，阻止我们的行动，我是誓死反对的"，"如果你再动摇人心，就要打倒你!"② 南昌起义虽以失败而告终，但却鼓舞了士气，使恽代英更加看到了掌握武装斗争的重要性。同年底，中国共产党广东省委决定发动广州起义，在起义前夜，恽代英、张太雷、叶挺等会见起义主力军——教导团全体官兵，并发表深情演讲："我离开你们好几个月了，很想念你们，我知道你们每个人的胸中都埋藏着对国民党反动派的无穷怒火。在九江，在韶关，两次都被国民党反动派解除武装。前天，你们的叶团长告诉我们，反动派又想要解除你们的武装。这回我们可不交枪了。今天我们要报仇，要暴动，要起义，要和反动派算账，要讨还血债，要夺取政权，建立自己的工农民主政府。你们要勇敢战斗，解除敌人的武装，

---

① 中共党史研究室：《中国共产党历史》第一卷（1921—1949）上册，北京：中共党史出版社2011年版，第222页。

② 转引自李良明、钟德涛：《恽代英年谱》，武汉：华中师范大学出版社2006年版，第330页。

取得暴动的胜利。"① 这说明此时的恽代英已经从前几次的革命中吸取了教训,即明白了军权是革命斗争的武器,没有了武装,民众只有挨打、流血的份,因此,在血淋淋的革命起义中,他已经深切明白"枪杆子里出政权"的重要性,已经领悟了武装斗争的道理。此后,恽代英开始拿起了武装斗争的革命利器,坚决用军事武装来捍卫工农政权。

恽代英在坚持走武装斗争的道路上,意识到掌握革命领导权的重要性。1929 年 5 月,他在《工商学联合会》中指出:"无产阶级要在革命的斗争中,用各种形式团结一切革命的力量,但同时一定要记得要坚决的与一切资产阶级的倾向斗争,将革命的领导权夺取到自己的手上。而且向夺取政权的方向发展。只有这样,才能保证革命斗争的胜利。"② 这表明恽代英完全赞成革命领导权须牢牢握在中国共产党手中的观点,不然就会被动挨打。这是恽代英在腥风血雨的革命岁月中得到的真实体会,中国共产党亦只有掌握革命领导权,才能取得革命主动权,亦才能推翻国民党的反动统治,建立革命政权。

二、对农村包围城市革命道路的探索

众所周知,农村包围城市道路是中国共产党人在早期马克思主义中国化道路上的首创,这条新路就此把贫穷落后的中国带入新天地。恽代英为这个道路的开辟贡献了自己的智慧。

---

① 刘祖清:《广州起义中的教导团》,载《文史资料选辑(广东)》第 8 辑、第 9 辑。

② 恽代英:《工商学联合会》,载《红旗》第 23 期,1929 年 5 月 28 日。

第一，极力宣传、发动农民运动。他是较早关注农民运动的早期中国共产党领导人之一。早在 1924 年 3 月他就发表了专门报道农民现实的文章——《湖北黄陂农民生活》，这不仅是他第一篇探索农民运动的文章，而且在当时党内也是少数关注农民运动的文章之一，具有一定的表率作用。广大追求进步的青年，特别是热爱《中国青年》的青年们纷纷在"代英"的感召下，利用节假日或暑期开展轰轰烈烈的"到民间去"乡村运动，推动了农民运动向前发展。他先后在《中国青年》《红旗》等杂志上发表了 20 余篇论述农民运动的文章，主要代表作有《农村运动》《农民中的宣传组织工作》《国民革命与农民》等，主要阐述了如何发动宣传农民参加革命的主张，丰富了中国农民运动史的理论宝库。

他对农民运动最大的功绩就是肯定并宣传了农民运动在新民主主义革命中的重要地位。在恽代英看来，农民运动是国民革命的一部分，中国革命欲成功，必须要农民加入到革命阵营中，这主要是由农民的社会地位决定的。首先，农民占人口中的绝大多数，只有"大多数被压迫民众觉悟了，才能督促而夹持革命的势力"。他说："农民占全国人口百分之七十以上，所以是民众的一大部分。"① 因此，"我们简直可以说，国民革命便是农民革命，农民得到了解放才算国民革命成功。"② "国民革命便是农民革命"与毛泽东的"武装斗争就是在无产阶级领导之下的农民战争"的思想如出一辙，其表达的核心观点一致，即充分重视农民革命在新民主主义中的关键作

---

① 张注洪、任武雄编：《恽代英文集》（上卷），北京：人民出版社 1984 年版，第 559 页。

② 张注洪、任武雄编：《恽代英文集》（下卷），北京：人民出版社 1984 年版，第 919 页。

用,只有农民革命成功,中国革命才算真正成功。只不过,毛泽东概括得更为精妙,他还强调了无产阶级的领导作用,显然,毛泽东是站在恽代英等革命精英的肩膀上,在充分吸收了同辈们的思想基础上而创新出的理论体系。其次,农民处于社会最底层,所受痛苦最深。《国民革命与农民》深度剖析了农民被剥削的苦痛。农民主要来自五个方面的剥削:"第一,土匪、军队、民团的骚扰。土匪固然是耕田人最大的祸害,但是军队和民团(土豪劣绅所指挥的民团)也一样的时常劫掠农村、勒索农民";"第二,内战";"第三,苛抽暴敛";"第四,土豪劣绅和大地主的剥削";"第五,水旱天灾"。因为"耕田人的痛苦,真是要比其他各种人民更为利害"。[①] 所以农民要求革命的愿望最强烈,其革命性更彻底。而"国民革命的目的,既然是求中国的自由平等,那便是为全国大多数的人民求幸福,为全国大多数人民的利益而革命",而"农工群众是占全国人口最大多数,所以国民革命特别注重农工群众的利益"。[②] 因此,为求得新民主主义革命的成功,而赞助农民运动。

第二,宣传闽西农村根据地建设思想。土地革命战争时期,恽代英对农村革命道路探索最大的一个贡献就是总结闽西局部执政经验,宣传红军的游击战争思想。首先,闽西土地革命建设为共产党领导的农民战争提供了宝贵的实践基地。《请看闽西农民造反的成绩——福建通信》全面介绍了闽西土地革命的成绩。"闽西把所有田地都分配了","将地主绅士的田地拿出来给佃户与贫农分,至于怎

[①] 张注洪、任武雄编:《恽代英文集》(下卷),北京:人民出版社 1984 年版,第 915—917 页。

[②] 张注洪、任武雄编:《恽代英文集》(下卷),北京:人民出版社 1984 年版,第 918、919 页。

样分法尽可以由各乡自己解决"。同时，恽代英着重推广了闽西分配土地的方法，除了"按人口分配田地"，还设法改良一些弊端，对于"公共的田地""一是仍旧交给人家耕种，收三成土地税做苏维埃（代表会议）政府经费，一是农民公共为苏维埃耕种"。①这些分配土地的方法，都是在中国共产党的领导下，农民群众自己发明创造的，既因地制宜，又合情合理，这充分说明中国共产党完全具备领导红色政权的能力，更加证明走农村革命道路的正确性。其次，认真总结苏维埃政权建设的得与失。闽西苏维埃建设的成绩是"驱逐了地主豪绅、国民党军阀，分配了土地，改良了工人生活，他们的政治影响在全福建乃至东江、赣南工农群众中间都普遍的扩大"②。同时，闽西工农群众也得到了很大的提高，在分配土地上，"已经懂得有转变到按劳动力分配土地的必要"，这种在落后国家取得政权以后如何进行土地建设的按劳分配思想已经非常先进，即使在 21 世纪的今天，我们仍然在沿用这种分配制度，足见闽西苏维埃建设的进步性。当然，新事物总具有两面性，闽西苏维埃执政也遇到了不少新问题，"闽西的党已经认识了自己的责任，决定为改正这些缺点奋斗。"其"第一个重要缺点是群众的创造力还未能充分发展，苏维埃一切政治设施还表现很多自上而下的精神"；"第二个重要缺点是还不能坚决集中一切力量向外发展，农民很多武装还停留在地方性的

---

① 张注洪、任武雄编：《恽代英文集》（下卷），北京：人民出版社 1984 年版，第 1067、1068 页。

② 张注洪、任武雄编：《恽代英文集》（下卷），北京：人民出版社 1984 年版，第 1069 页。

赤卫队手中,不能自由集中调度"。① 恽代英通过真实地报道闽西建设情况,来讴歌红军游击战争的伟大,从而进一步传播农村根据地建设思想,这为农村包围城市革命道路的探索奠定了重要基础。

---

① 张注洪、任武雄编:《恽代英文集》(下卷),北京:人民出版社1984年版,第1069、1071页。

第六章　恽代英对党的建设的探索

党的建设，是指马克思主义政党在马克思主义党的学说指导下进行的领导国家、社会和提高自身生机与活力的理论和实践活动。它作为马克思主义的重要组成部分，是马克思主义建党理论同建党实践活动的统一，也是无产阶级政党建设的指导原则和理论武器。众所周知，马克思、恩格斯确立了工人阶级政党建设的基本原则。列宁把马克思、恩格斯的建党理论同俄国革命的具体实践结合起来，形成了一整套列宁主义建党学说。中国共产党人把马克思列宁主义建党理论同中国革命具体实际结合起来，创新出中国特色的党建理论形态。恽代英作为早期著名的理论家和革命家，不仅是早期军队党建工作的奠基人之一，而且对中国共产党早期党建发展贡献了重要力量。

第一节　对思想建设的探索

思想建设是指用共产主义理论、思想、信念、道德来教育人民群众，从而树立共产主义理想信念和主人翁思想，树立为人民服务的献身精神和共产主义的劳动态度等。党的思想建设是指中国共产党为保持自身创造力、凝聚力和战斗力而在思想理论方面所进行的一系列工作。其基本内容和主要任务是用马克思列宁主义、毛泽东思想、中国特色社会主义理论体系武装全党，改造和克服党内一切非无产阶级思想；对党员进行党的基本理论、基本路线、基本纲领和基本经验的教育，保证党的基本路线的贯彻执行。可以说，在党建工作中，思想建设放在第一位。

恽代英作为早期中国共产党理论家、宣传家，对我国党建工作的突出贡献之一就是开创了军队思想建设先河，把思想政治教育放在和军事教育同样重要的地位，在军队教育中注入意识形态教育，以提高军队凝聚力、创造力和战斗力。这是马克思列宁主义运用到中国革命实际的独创，也是他扎根于革命一线、总结大量革命经验教训的必然结果。毫不避讳地说，周恩来、恽代英、熊雄等早期中国共产党人开创了黄埔军校的党建工作局面。在早期中国共产党人未主持黄埔军校政治部工作以前，军校的政治部基本形同虚设。周恩来履任后，"健全了政治工作制度和建立了日常工作秩序，重新制订政治教育计划，并在军校建立了中国共产党特别支部"，才使党建工作逐渐步入正轨；"恽代英任黄埔军校政治教官后，继承和发展了周恩来的军事思想"①，创新出中国特色的军队思想建设，为军队建设注入了灵魂。其主要包括以下两点：

第一，摆正党和军的关系，着力培养"为主义而战"的党军。首先，提出"党军"概念，明确党和军的关系。"党军"就是为政党作战的国民革命军，而"我们为甚么要训练党军呢？因为要养成

---

① 李良明：《恽代英思想研究》，北京：人民出版社2011年版，第304页。

一部分能够为三民主义——为打倒一切压迫中国民众的黑暗势力，解放全中国民族，建设独立自由的中华民国而作战的军队"①。原来，党军是为了三民主义而战、为实现北伐统一全国的民族独立而战的军队，所以，"在党军中间，党高于一切"②。这说明党远比军高，军纪是为了保障党纪的，军队必须是为党政服务。其次，党军的目的是要"为主义作战"的。"所谓党高于一切，是说军队不能违背党的主义，所以军纪是在党纪监视之下的；同时亦是说军队是完全为党的主义工作的。"③ 既然"军队是完全为党的主义工作"，那么，一切军事行动都要"为主义而战"，"主义"是党军的灵魂，任何"违背党的主义的时候，我们破坏军纪，便是破坏我们革命党的作战势力，便是破坏党，所以应当拿党纪裁制他"④。可见，党军是"为主义而战"的。这种把政治领域工作纳入到军队当中、把党的领导置于军队领导之上、使军队完全为党服务的思维模式，刚好切合了中国"革命觉悟"低、纪律意识散漫的兵士特点，这是中国共产党运用马克思列宁主义建党理论结合中国国情的理论创新，是中国共产党的首创。

第二，注重灌输教育。首先，特别强调军队灌输教育。恽代英在任职黄埔政治主任教官期间，为了开辟党建工作，特做"初次试

---

① 张注洪、任武雄编：《恽代英文集》（下卷），北京：人民出版社1984年版，第797页。

② 张注洪、任武雄编：《恽代英文集》（下卷），北京：人民出版社1984年版，第798页。

③ 张注洪、任武雄编：《恽代英文集》（下卷），北京：人民出版社1984年版，第798页。

④ 张注洪、任武雄编：《恽代英文集》（下卷），北京：人民出版社1984年版，第798页。

验之作"——《政治学概论》的政治讲义,"使学者可以得着许多近代的政治知识,了解本党对于各种政治问题的主张","以便有专门研究"。① 专门讲述党建理论,直接把新三民主义、马克思列宁主义建党理论灌输到士兵头脑中,使他们形成党的意识和纪律,这样,便于提高士兵的知识素养和革命觉悟,提高战斗力。他把讲义分为五个专题:第一讲为政治国家;第二讲为国体:中央集权与地方分权;第三讲为政体:人民参政的方式;第四讲为人民的权利;第五讲为党。全面灌输本党的主张、政纲、政策等党建理论,使士兵真正"为主义作战"。其中,恽代英提出"以党治国"的党建主张,极具革命性、先进性和时代性。他指出:"所谓'以党治国'乃谓党员均须了解主义,拥护合于主义的政治主张,反对违背主义的政治主张,党须有充分力量操握政治之主张,而且使一切政治设施均能符合党义。"② 可见,党义高于一切,要把本党的政治主张贯彻到国家建设当中,必须要通过灌输,才能武装士兵的头脑。事实上,通过灌输确实达到了"为主义作战"的目的。在北伐战争中,由黄埔师生编成的北伐革命军在战斗中所表现出来的作战能力,并涌现出了大量军事人才,如叶剑英、徐向前、左权、陈赓等著名将领,足见军队思想政治教育工作的深远影响。其次,特别注重军事宣传。这主要对民众而言。在如何凝聚人心、全面发动全民参与革命方面,恽代英找到了一个锐利武器——军事宣传,即宣传、发动民众赞助革命。1925年4月,他在《中国青年》答刘英读者的疑惑时指出,

---

① 张注洪、任武雄编:《恽代英文集》(下卷),北京:人民出版社1984年版,第856页。

② 张注洪、任武雄编:《恽代英文集》(下卷),北京:人民出版社1984年版,第873页。

"到军队中去宣传，至少与到农民、工人中去宣传，是一样重要"①的。这说明恽代英逐渐关注军事宣传的重要性，这为军队党建工作做了很好的铺垫，即宣传黄埔军校中的革命分子投入到反帝国主义反封建的爱国运动当中，以参加革命。同年8月，又专门作文《我们的战略》论述"暴动开战"的前提是"有一个比较长期的宣传组织工作，以预备这个暴动开战"，"注意利用各种机会，宣传组织学生、工人、农民、小商人乃至于兵士"结合成"职业团体，才是我们暴动开战的日子"。② 可见，恽代英看到了舆论的重要性，十分重视军事宣传对党建工作的重要性。在他看来，只有宣传全国民众，从思想上凝聚人心的思想建设才是军队建设成功的关键。

第二节 对政党建设的探索

恽代英是较早关注政党建设的早期中国共产党领导人之一。他对中国共产党的政党建设主要有两大贡献：一是如何探索建设革命政党；二是探讨局部执政建设。前者主要是解决大革命时期怎样处理共产党与国民党之间关系的命题；后者主要是解决土地革命战争时期怎样着眼根据地政权建设的命题。因所处的环境不同，所需要解决的现实命题也发生了改变。恽代英等早期中国共产党人开创的中国特色政党建设是在马克思主义基本原则、立场、方法论的指导

---

① 张注洪、任武雄编：《恽代英文集》（下卷），北京：人民出版社1984年版，第664页。

② 张注洪、任武雄编：《恽代英文集》（下卷），北京：人民出版社1984年版，第711页。

下，结合中国革命具体实际，经过长期革命实践而创新出的革命理论，至今仍有深远的现实指导意义。

一、对革命党建设的探索

第一，论证在中国建党的必要性。首先，明确政党涵义。他在《政治学概论》的政治讲义中首次比较完整、系统地揭示了政党的涵义，即"革命党乃系为一种政治主张而奋斗，他们要破坏一切妨害此政治主张之实现的障碍物，要自己负依照此政治主张建设国家的责任"。① 也就是说，这里的政党就是革命党的意思，不存在革命党不是政党的说法，这样就纠正了当时存在的一个较普遍的认识误区，即"党有政党与革命党两种"之说。在恽代英看来，革命党就是一种政党，有自己独立的政治主张和奋斗纲领，"能懂得拥护真正建设的主张"。② 因为时值北伐国共合作期间，为了提高北伐战斗力，黄埔军校的学生被进行改编，其北伐队伍中既有国民党党员，又有共产党党员，所以，在当时，这两种政党都称之为革命党。其次，阐述为什么要建党，尤其要建中国共产党。对于建党的必要性，恽代英提出："一盘散沙的民众，要他们怎样恒久的做全国一致的行动，无论是哪一国的人民都是做不到的。但是若在这些民众中间有了能号召指挥他们的党，便容易全国一致的行动。"③ 原来，政党具有凝

---

① 张注洪、任武雄编：《恽代英文集》（下卷），北京：人民出版社 1984 年版，第 873 页。

② 张注洪、任武雄编：《恽代英文集》（下卷），北京：人民出版社 1984 年版，第 873 页。

③ 张注洪、任武雄编：《恽代英文集》（上卷），北京：人民出版社 1984 年版，第 595 页。

结人心的功能,具有号召作用,特别能指挥军事行动,这正适合北伐的需要。所以,我们需要政党。那么,为什么要建中国共产党?他在《国民党左派与共产党》中阐述得十分透彻,他说:"简单的说,共产党便是代表贫苦农工利益,而做经济与政治奋斗的党……应当为自己阶级的解放而奋斗。"① 这说明中国共产党与国民党之间是交叉关系,他们在反对帝国主义和封建军阀的国民革命目标上是一致的,是可以国共合作的,但在政党性质上,他们分别代表不同的利益阶层,前者"代表贫苦农工利益",后者代表三民主义的资产阶级利益。因此,在国民革命胜利以后,他们最终会分道扬镳的,所以,为全国劳苦民众计,我们必须建立代表全国最大多数民众利益的政党——中国共产党,并取得社会主义革命成功。

第二,探讨个体与政党之间的关系。首先,明确领袖对政党的作用。在他看来,政党是由群众中间的进步分子组成的,而从进步分子中脱颖出来的革命领袖,"可以指导我们做有利于我们的事情"。因此,"服从领袖的指导,这固然是必要的"。② 可见,领袖具有一定的权威作用,担负着对党员的教育、指导责任。然而,领袖也有两面性,为了"谨防领袖利用我们,谋他们自身的利益"③,我们要学会监督领袖,不要被领袖"反转陷于作恶的阱坑",具体做法就

---

① 张注洪、任武雄编:《恽代英文集》(上卷),北京:人民出版社1984年版,第604页。

② 张注洪、任武雄编:《恽代英文集》(上卷),北京:人民出版社1984年版,第341页。

③ 张注洪、任武雄编:《恽代英文集》(上卷),北京:人民出版社1984年版,第341页。

是,"在为民治作战的联合中间,要每个战卒都能督率领袖。"① 建立监督机制,这个提法在当时具有超前性。它的难能可贵之处在于,为避免在北伐战争中因个人权利过分膨胀而导致权利滥用的局面产生,因此,他提出了建立预防机制,这是恽代英具有前瞻性的一面。

其次,探讨做一名合格共产党员的标准。为了扩大共产党在国民革命中的影响,巩固其政治地位,他撰写《怎样做一个共产党员?》来论述做共产党员的五大标准。"第一,要能够确实有决心谋农工阶级的彻底解放,打倒一切寄生的压迫阶级——地主、资本家。……一个国民革命的左派不一定能够做共产党员;假如他自己只知注意国民革命,他决不能为共产党最后的主张而奋斗!"② "共产党最后的主张"就是从资产阶级民主革命过渡到社会主义革命,使农工阶级当家做主,建立政权;第二,不崇拜个人英雄主义,坚决依靠群众力量,走群众路线;第三,"到各种有群众的机关中间去组织一个核心"③。能宣传、发动群众,并能够身先士卒;第四,接受党的训练,严格服从党的纪律,克服各种错误思想,"养成功一个彻头彻尾的布尔塞维克的精神,切实负责将党的意见散布到各种群众中去。"④ 故特别强调党纪、主义教育;第五,要严守党的秘密,又要与"联合战线的人结成秘密合作关系",始终能挺身而出,具有牺牲

---

① 张注洪、任武雄编:《恽代英文集》(上卷),北京:人民出版社1984年版,第341页。

② 张注洪、任武雄编:《恽代英文集》(下卷),北京:人民出版社1984年版,第876页。

③ 张注洪、任武雄编:《恽代英文集》(下卷),北京:人民出版社1984年版,第877页。

④ 张注洪、任武雄编:《恽代英文集》(下卷),北京:人民出版社1984年版,第877页。

精神。这五个共产党员的基本标准真实反映了中国共产党的根本宗旨——全心全意为人民服务,一切为人民群众谋福祉。这也是共产党政党建设的终极目标,这充分说明党员必须体现政党意志,反映政党利益,与政党保持高度一致。

二、对执政党执政的探索

第一,探讨政党与国家之间的关系。首先,在革命时期,主张党治,即"以党治国"①。就是"以党的力量施行军政(压迫反革命势力)训政(训练人民政治能力),必须这样做才能达到宪政时期"②。意思就是说用政党来肃清反革命势力,维护国家正常秩序,以达到训练人民政治行为能力,这是政党初掌国家政权的过渡阶段,党治是过渡时期的必要过渡手段,"其目的在达到民治,并非永久想要一个人或少数人包办下去"③。因此,革命时期,国家还需要依附政党,确保政党意志得以贯彻、执行下去,从而维护革命果实。其次,革命成功以后,进入宪政时期,主张党和国家都在宪法的规章下开展日常工作。党仅在级别上领导国家,但不参与国家管理,一切都在宪法和法律的规范下行事。最后,全民政治,即实现共产主义超阶级政治。在恽代英看来,在阶级时代,绝无全民政治可言,但"本党的主张,最后的目的是全民政治,即是说不是一阶级压迫

---

① 张注洪、任武雄编:《恽代英文集》(下卷),北京:人民出版社1984年版,第873页。

② 张注洪、任武雄编:《恽代英文集》(下卷),北京:人民出版社1984年版,第865页。

③ 张注洪、任武雄编:《恽代英文集》(下卷),北京:人民出版社1984年版,第865页。

别阶级的政治。但这是宪政时代阶级消灭以后的事"①。只有阶级消失了，国家不复存在，政党亦可废除，人类进入物质和精神文明高度发达的共产主义社会，这才实现了全民政治。

第二，探讨执政党政权建设。如果说恽代英对政党与国家关系探讨是为政党成为执政党做理论准备的话，那么，他对闽西苏维埃局部执政经验的概括、总结则是中国共产党领导红色政权革命实践所得的现实反映，因而更具说服力、凝聚力和有效性。恽代英关于闽西苏维埃政权建设给出以下几点建设性建议：首先，加强党的领导，但不能"以党代政"。闽西根据地建设的一个突出优点就是能正确把握好中国共产党与苏维埃政权的关系。中国共产党直接领导苏维埃政权，除了直接掌握"军事财政"权以外，对其他政权建设仅是总体上意见领导而已，不参与具体事务管理。所以，闽西的党的主张就是，"除军事财政外，一切政治、经济、文化事业，要尽可能帮助各乡群众自己创造"②。中国共产党不能直接插手或干预政权建设，充分给政府和群众放权，这就是执政党的领导艺术。其次，发扬基层民主制，突出人民当家做主的权利。关于乡村苏维埃组织，"最初是合数乡群众选举代表组成"，并没有使大多数民众参与基层建设管理，"苏维埃成立稍久的地方，情形便与这完全不同。农民渐次能发表意见，他们已经实行撤回不称职的上级苏维埃代表，妇女在苏维埃中间的地位亦日益抬高"③。故在基层政权建设中，中国共

---

① 张注洪、任武雄编：《恽代英文集》（下卷），北京：人民出版社1984年版，第865页。

② 张注洪、任武雄编：《恽代英文集》（下卷），北京：人民出版社1984年版，第1071页。

③ 张注洪、任武雄编：《恽代英文集》（下卷），北京：人民出版社1984年版，第1070页。

产党更注重发挥民众权利，用组织制度保障群众参政议政的权利。最后，尊重群众的创造性，初显人民代表大会制度雏形。他指出，"要确定代表会议或乡村群众会议是最高政权机关，重要的事必须经过他们充分讨论，而且不但是讨论，要尽量吸引参加会议的人参与各种执行的工作。"① 他创造性地提出红色政权的最高权力机关就是"代表会议或乡村群众会议"，他们具有裁决权和议事权等各项权利，并参与执行工作，这基本反映了人民代表大会制度的基本内容，已凸显出人民代表大会制度的雏形，这是恽代英对根据地建设创造性的发明，为中国共产党成为全国执政党的国家建设提供了宝贵的经验借鉴和现实指导意义。

三、对从严治党的探索

在恽代英的著作中，虽然没有使用过"从严治党"一词，但并不意味着他没有从严治党的思想。党要管党、从严治党是马克思主义政党一贯坚持的实践原则，也是中国共产党党建的宝贵经验，恽代英始终坚持这一原则，提出了一系列重要论断与主张。纵观恽代英的党建研究，鲜有专门论及从严治党的成果，梳理和探讨恽代英的从严治党思想，不仅推进恽代英的党建研究向纵深发展，而且对当下全面推进从严治党思想具有重要的现实意义。

第一，"在党军中间，党高于一切"，新形势下要加强党员政治教育。前面提到，恽代英对我国党建思想的贡献之一就是在军队党建工作的贡献上面，开创了军队建设与政治教育相结合的工作作风，这是马列主义运用到中国革命实际的独创，也是他扎根于革命一线、

---

① 张注洪、任武雄编：《恽代英文集》（下卷），北京：人民出版社1984年版，第1071页。

总结大量革命经验教训的必然结果。在军队党建中，他着重突出了政治教育的重要性。他指出建立党军的目的是要"为主义作战"的，而在党、军中间，党远比军高，政治教育是灵魂，军队必须是为党政服务。一切军事行动都要为"主义"而战，"主义"是党军的灵魂，任何"违背党的主义的时候，我们破坏军纪，便是破坏我们革命党的作战势力，便是破坏党，所以应当拿党纪裁制他。"① 可见，党军是为培养政治素质过硬的军人，竭力为政党奉献。这种把政治教育纳入到军队当中、把党的领导置于军队领导之上、使军队完全为政党服务的思维模式，刚好切合了中国"革命觉悟"低、纪律意识散漫的兵士特点，这是中共运用马列主义建党理论结合中国国情的理论创新，是中共的首创。

恽代英的这些论述，对于新形势下加强党员政治教育具有重要的指导意义。随着我国改革开放和社会主义市场经济体制的建立，我国经济迅速发展，各种意识形态也发生重大变化，人们的价值观念、思想状态也随之发生改变。面临着复杂的社会环境，被多变性、差异性的思想观念冲击，一部分党员干部放松了对世界观、人生观、价值观的改造，甚至经不起考验，以权谋私，损害国家和人民群众的利益。那么，怎么才能做到严格管理呢？党必须坚持"治国必先治党、治党务必从严"的决心，从关系人心向背和党的生死存亡的战略高度加强党风廉政建设，必须不断加强党员干部思想教育。首先，加强意识形态教育。用马克思主义经典武装党员们的头脑，使8000多万党员真信、真学、真用马克思主义，用马克思主义中国化的最新理论成果作为指导思想。其次，深入开展党的路线、方针、

---

① 张注洪、任武雄编：《恽代英文集》（下卷），北京：人民出版社1984年版，第798页。

政策的教育。通过"三严三实"教育、群众路线教育等形式来强化党员政治意识。最后，加强宗旨观念教育，教育党员干部树立立党为公、执政为民的观念。通过思想政治教育，使每名党员干部做到从严自律，管住自己，时刻保持清醒的头脑，正确行使手中的权力，做到自重、自省、自警、自励。只有做到这样，才能确保党的纯洁性，才能真正落实从严治党。

第二，"革命党乃系为一种政治主张而奋斗"，新形势下要狠抓反腐倡廉工作。恽代英是较早论述政党建设的中共领导人之一。前面已提到他明确了政党的定义，即"革命党乃系为一种政治主张而奋斗，他们要破坏一切妨害此政治主张之实现的障碍物，要自己负依照此政治主张建设国家的责任。"① 在怎样建设革命党中，恽代英较早提出了初步反映中国国情的政党观。首先，他明确领袖对政党的作用。在他看来，政党是由群众中间的进步分子组成的，而从进步分子中脱颖出来的就是革命领袖，领袖具有一定的权威作用，担负着对党员的教育、指导责任。然而，领袖也有两面性，为了"谨防领袖利用我们，谋他们自身的利益"②。我们要学会监督领袖，不要被领袖"反转陷于作恶的阱坑"，具体做法就是，"在为民治作战的联合中间，要每个战卒都能督率领袖"③。建立监督机制，约束领袖的权力，这个提法在当时具有前瞻性。其次，他提出了做一名合格共产党员的标准。前面提到了恽代英的做合格共产党员的五大标

---

① 张注洪、任武雄编：《恽代英文集》（下卷），北京：人民出版社 1984 年版，第 873 页。

② 张注洪、任武雄编：《恽代英文集》（上卷），北京：人民出版社 1984 年版，第 341 页。

③ 张注洪、任武雄编：《恽代英文集》（上卷），北京：人民出版社 1984 年版，第 341 页。

准，这五个共产党员的基本标准真实反映了共产党的根本宗旨——全心全意为人民服务，一切为人民群众谋福祉。这也是共产党政党建设的终极目标，这充分说明党员必须体现政党意志，反映政党利益，与政党保持高度一致。

恽代英的"为主义而战"的革命政党观点对新形势下狠抓反腐倡廉工作具有重要的借鉴意义。习近平总书记指出："反腐倡廉必须常抓不懈，经常抓、长期抓，必须反对特权思想、特权现象，必须全党动手"。反腐倡廉作为党建的基本任务，是我党常抓不懈的关系人心向背的一项重要工作。首先，建立党员干部的监督机制。建立健全党员干部的监督及预防腐败机制，是党员干部"不敢腐"的前提，只有完善了制度建设这个顶层设计，才有党员干部"不能腐、不用腐"的廉洁局面。其次，走群众路线。恽代英提出走群众路线是为了预防腐败，事实上，群众路线是新形势下坚持党要管党、从严治党的重大决策，是顺应群众期盼、加强学习型服务型创新型马克思主义执政党建设的重大部署，是推进中国特色社会主义伟大事业的重大举措。因此，新时期，要加强党员与群众的密切联系，认真听取群众意见，接受群众监督，以群众满意为工作宗旨。最后，严肃党纪。遵守党的纪律、严守党的秘密不仅是早期中共领导人所遵守的基本行为规范，更是新形势下党员以身作则的内在要求。第一步是完善党的纪律。2015年10月22日，中共中央印发了《中国共产党纪律处分条例》，就是进一步要求广大党员牢固树立党章党规党纪意识，严格遵守国家法律法规，守住纪律"底线"，自觉做守纪律、讲规矩的模范。第二步是强化纪律的执行。上述条例的出台就是帮助强化纪律的执行，严格按照条例查处违纪行为，使纪律成为不能逾越的底线。

第三，"以党治国"，新形势下加强党的领导，突出执政党的执政能力建设。"以党治国"是恽代英政党建设的另一大特色。他的"以党治国"思想对新形势下执政党建设具有重要的现实价值。首先，突出党的领导是进行有中国特色社会主义建设的基础和有力保障。中国共产党作为中国特色社会主义事业的领导核心，是历史的选择、人民的选择，只有强大的政党作支撑，14亿中国人才能完成伟大的中华民族复兴之路。其次，加强执政党执政能力建设。一方面，要改进党的领导方式和执政方式。始终以马克思主义为指导思想，加强执政规律建设，坚持科学执政、民主执政、依法执政，坚持党总揽全局、协调各方的领导核心作用。另一方面，加强党的自身建设。党的自身建设，不仅包括作风建设，更包括自身先进性和纯洁性建设，不断增强党的自我净化、自我革新、自我提高能力，努力建设学习型、服务型、创新型的马克思主义执政党，确保党始终成为中国特色社会主义事业的坚强领导核心。

总之，以恽代英为代表的中共早期领导开创的党建工作是新民主主义革命成功的三大法宝之一，是进行中国特色社会主义建设和改革开放的有力武器，一旦这个理论为人民群众所掌握，就成为人民改造国家、创建和谐社会的思想利器。在新形势下，学习和研究恽代英从严治党思想，对党要管党、从严治党建设具有重要的当代价值。

结　语

马克思列宁主义同中国具体实际相结合其实是一个漫长而艰难的过程，经历了无数马克思主义者摸索、运用、扬弃、发展、创新等一系列否定之否定的实践与理论探索的过程。恽代英作为中国最早的一批探索者，不仅是马克思主义中国化的先驱，更是无产阶级革命事业的领航者，他对早期马克思主义中国化做出了重要贡献。

1. 传播了马克思列宁主义。作为坚定的马克思主义信仰者，恽代英"对中国革命事业做出了多方面的贡献，其中突出的一点是在对马克思主义的传播方面"①。"在传播方面，他的特殊贡献就是受陈独秀的委托，将英文版的《阶级争斗》译成中文。……《阶级争斗》是马克思主义初期传播史中的一部代表性著作。"② 的确如此，恽代英不遗余力地传播了马克思列宁主义。青年时期，他创办了旨在传播新文化的利群书社，把马克思主义作为先进的新思想进行大力宣传，热心为青年读者推荐《共产党宣言》《共产主义的ABC》

---

① 宋镜明、吴向伟：《党的重要历史人物与早期马克思主义中国化》，北京：中国社会科学出版社2012年版，第86页。

② 田子渝、蔡丽、徐方平、李良明：《马克思主义在中国初期传播史（1918—1922）》，北京：学习出版社2012年版，第243页。

结 语

《阶级争斗》等马克思主义经典著作。利群书社"客观上成了长江中游传播马克思主义和新思想的重要阵地"①。恽代英成为无产阶级革命者之后，更是一位虔诚的布道者。他每到一处就种下马克思主义革命圣火。他利用自身口才好和文笔好的优势，到处宣讲，有意识地向有志青年宣传马克思列宁主义、宣扬改造社会的革命真理。故在他的身边凝聚着一大批积极向上的青年，因受其感召而向革命靠拢。总之，作为一名职业宣传家和理论家，他对早期马克思主义中国化的突出贡献就是传播了马克思列宁主义，并发动和领导了群众运动的革命经验，为他进行无产阶级革命的实践奠定了思想基石，反映了早期中国共产党人探索中国新民主主义革命的实践历程。

2. 丰富了"中国特色理论形态"。早期马克思主义中国化——新民主主义理论的基本思想，是对中国特殊社会性质、革命任务、动力、对象以及革命策略等一系列基本问题的最初概括。恽代英以马克思主义实践观为指导原则，身体力行，对中国特殊的二元社会进行了深刻全面的分析，特别是对半殖民地的社会体征进行了深刻揭露，指出了中国社会的主要矛盾之一就是帝国主义同中华民族的矛盾，从而激发了后继者反抗帝国主义强权的斗争勇气。恽代英对中国特殊的敌、我、友社会结构的探索、对社会各阶级情况的分析，深化了中国共产党关于革命基本理论的认知，客观上有利于解决中国共产党当时面临的最棘手革命问题之一，为中国共产党革命策略、革命统一战线理论的形成奠定了重要基础。恽代英在黄埔军校任职期间，同周恩来、熊雄等一道，开创了对军队政治宣传工作和党建工作的新局面，他的军队党建理论新颖而具有实践意义，在中国共产党早期党建工作中占有举足轻重的地位，是中国共产党党建理论

---

① 李良明、钟德涛：《恽代英年谱》，武汉：华中师范大学出版社2006年版，第165页。

的重要组成部分。

3. 传承了马克思主义中国化的核心价值。马克思主义中国化的核心价值是实事求是。众所周知，在中国共产党早期，党内曾出现了三种严重的错误思想路线，一度使党危在旦夕。一个是陈独秀的"右"倾投降主义路线；一个是王明的"左"倾教条主义路线；一个是李立三的"左"倾冒险主义路线。这三种错误思想路线根源都在于没能实事求是，根据中国的实际情况来制定因地制宜的思想路线。然而，恽代英作为中国共产党早期的革命实践者，始终强调"力行"，突出了实事求是的马克思主义实践作风。他在多次场合表达了"解决中国的问题，自然要根据中国的情形，以决定中国的办法"①的务实革命工作理念，真正传承了马克思主义中国化的核心价值。即使他"囿居偏僻"，曾在偏僻的西南任教，仍具有较远大的政治远见。究其根源，是恽代英不唯上、不唯书、只唯实的马克思主义优良作风使然，这种实事求是的核心价值在恽代英身上得到了淋漓尽致的体现。

诚然，恽代英在早期马克思主义中国化的道路上，也留下了艰难摸索的痕迹。他对新民主主义革命基本问题的把握也存在一定的局限性。比如，他对中国资产阶级的认识存在一定的偏差。土地革命战争时期，他把民族资产阶级视为反动派，把其和帝国主义一起作为反动阶级，成为打倒的对象，说明当时的他还未达到民族资产阶级是中国共产党领导的统一战线中既要联合又要教育的对象的认识高度，这充分反映了早期中国共产党人摸索马克思主义中国化的艰难性。

---

① 张注洪、任武雄编：《恽代英文集》（上卷），北京：人民出版社1984年版，第32—33页。

结 语

综观他的革命生涯，为早期马克思主义中国化提供了一些宝贵的历史启示。

1. 爱国主义是早期马克思主义中国化的推动力。众所周知，早期先进知识分子传播马克思主义的初衷不是为了学理上的研究，而是为了寻找爱国救亡的思想利器。恽代英亦不例外，他传播马克思主义的目的是为了救我中华，寻找改变中国落后挨打命运的真理。他在向苏俄学习的过程中，总结列宁领导的苏俄革命之所以取得成功，是因为他"最注意的是俄国实际情形"①，因此，他总结出要取得中国革命的胜利，"解决中国的问题，自然要根据中国的情形，以决定中国的办法"的真谛。② 在当时，中国最大的问题就是民族独立解放问题，那么，要求得民族独立，就必须寻找"根据中国的情形"的办法，而寻找这个办法的过程就是马克思主义中国化的过程。从这个角度上说，爱国主义是早期中国共产党人把马克思列宁主义普遍原理同中国具体革命实际相结合的最直接最根本的内驱力。救亡图存的历史使命，促使恽代英不断寻找能指导中国革命的真理。

2. 走中国特色的革命道路是早期马克思主义中国化的必然正确选择。马克思主义与中国具体实际相结合大致经历了三个阶段：马克思主义在中国的传播、马克思主义的发展和马克思主义的创新。那么，它对应的方法论指导原则就是学习、模仿和创新。有学者指出："从模仿到创新，是一种理论从外化到内化必经的历史过程。……此阶段（即早期马克思主义中国化阶段），中国共产党理论

---

① 张注洪、任武雄编：《恽代英文集》（上卷），北京：人民出版社 1984 年版，第 441 页。

② 张注洪、任武雄编：《恽代英文集》（上卷），北京：人民出版社 1984 年版，第 480 页。

成长的痕迹却也明显地表现出照搬和模仿大于创新的特点。"① 的确，在早期马克思主义中国化历程中，模仿特征较为突出，带有明显的苏俄痕迹。恽代英作为中国共产党早期领导人，显然深受共产国际的影响。共产国际在第九次扩大会议的关于中国问题的决议案中，指出："资产阶级不但进而与封建军阀结合完全的反革命联盟，而且事实上和外国帝国主义者妥协。"② 既然整个资产阶级变成了反革命阶级，民族资产阶级亦不例外，自然成为革命的对象，这些观点也影响了恽代英。显然，恽代英没能摆脱共产国际的束缚，较难突破苏俄模式。历史昭示，只有走中国特色的革命创新之路，才能真正找到民族独立解放之途，也才真实符合马克思主义中国化的时代精神，才符合马克思主义中国化的核心标准：中国特色理论形态。

走中国特色的革命道路的前提是中国共产党人须具备不畏权威的开拓创新精神。尽管恽代英受到了共产国际的影响，但由于他自身思想敏锐、理论上敢于探索的特点，促使他勇于突破共产国际的教条，敢于理论创新。他对社会性质、社会结构规律的探索有所建树，有些提法称得上是党内"第一"。例如，他是党内最早提出"帝国主义是纸老虎"的领导人之一；他是"党内最早认识到军事斗争重要性的杰出领导人之一"③。也是最早创建军队思想政治工作的中国共产党领导人之一，对军队思想政治工作有突出贡献；同时，他也是党内最早提出利用外资的中国共产党人之一。这些都是他不

---

① 刘建萍：《中国共产党早期马克思主义中国化重要论述评析——以1921—1927年为例》，载《理论学刊》，2012年第5期，第37页。

② 中央档案馆编：《中国共产党中央文件选集》（一九二八）第四册，北京：中共中央党校出版社1983年版，第43页。

③ 李良明：《恽代英思想研究》，北京：人民出版社2011年版，第4页。

畏强权、不惧权威、不怕牺牲的勇于创新精神的必然结果，也正是坚持马克思主义中国化的客观需要。土地革命战争时期，恽代英致力于报道闽西苏维埃的执政建设功绩，宣传工农武装割据思想。他对闽西执政的肯定，就是肯定了农村包围城市、武装夺取政权的道路。事实证明，要坚持早期马克思主义中国化，就必须结合中国实际，走中国特色的革命道路，要走中国特色的革命道路，就必须具备开拓进取、勇于创新的革命精神，否则，马克思主义中国化仅是一纸空谈。

3. 群众观是早期马克思主义中国化的最基本实践观。周恩来同志为恽代英题词道："中国青年热爱的领袖——恽代英同志牺牲已经十九年了，他的无产阶级意识、工作热情、坚强意志、朴素作风、牺牲精神、群众化的品质、感人的说服力，应永远成为中国革命青年的楷模。"恽代英之所以能成为中国革命青年的楷模，重要的原因之一就是他始终以群众观为指导，坚持走群众路线，从群众中来，到群众中去，跟群众特别是青年结成忠实的同盟者，成为亲密的伙伴。的确，走群众路线并不是喊口号，它需要在思想和行动两方面都要切实跟进。

首先，在思想上，须具备群众观的素质。这主要包括：坚定的政治信念、艰苦朴素作风、吃苦耐劳的精神、不怕牺牲的意志、敢为人先的创新精神等等。恽代英之所以能在革命青年中形成较大的威望，主要归功于他的这些革命素养，即"无产阶级意识、工作热情、坚强意志、朴素作风、牺牲精神、群众化的品质、感人的说服力"等。这些素养是他走群众路线的前提和思想条件，也是马克思主义中国化的必备条件，只有拥有这般素养的党员和政党，才能真正从思想上要求走群众路线，才能有意识有目的进行马克思主义中国化。

其次，在行动上，必须密切联系群众，为群众谋福祉。为群众谋福祉既是群众观的出发点，也是落脚点。早期中国共产党人为探寻中国革命真理，采取了充分发动群众的方针，通过走群众路线，密切联系群众，才最终获得了早期马克思主义中国化的理论"雏形"——新民主主义理论的基本思想，从而创新出"中国特色理论形态"。可以说，走群众路线是早期马克思主义中国化的实践要求。

习近平总书记在关于《全面贯彻落实党的十八大精神要突出抓好六个方面工作》中指出："我们要坚持党的群众路线，坚持人民主体地位，时刻把群众安危冷暖放在心上，及时准确了解群众所思、所盼、所忧、所急，把群众工作做实、做深、做细、做透。要正确处理最广大人民根本利益、现阶段群众共同利益、不同群体特殊利益的关系，切实把人民群众利益维护好、实现好、发展好。"① 这说明新时期，中国共产党为保生机活力，体现马克思主义中国化的大众化、时代化特征，更加突出强调密切联系群众，走群众路线。因此，它既体现了中国共产党政党意志，代表了人民群众最根本利益，而且亦是马克思主义中国化的两次理论飞跃的实践要求。

总之，恽代英等老一辈无产阶级革命家作为中国革命的拓荒者，他们以大无畏的革命勇气坚韧不拔地探索着中国革命的道路。他们在这条道路上艰难地跋涉着，历经了风雨，也历经了彩虹，留下了艰难摸索的痛苦，也留下了探索真理的喜悦。他们在为无产阶级解放奋斗的生涯中，无怨无悔，甘愿为实现美好的共产主义革命事业挥洒青春和热血。可以说，他们为今天的中国特色社会主义辉煌成就立下了汗马功劳，他们在马克思主义中国化的理论探索之途上抒写了壮丽的诗篇！

---

① 习近平：《全面贯彻落实党的十八大精神要突出抓好六个方面工作》，载《求是》，2013年第1期，第3页。

参考文献

一、史料类

档案类

[1] 中央档案馆编：《中国共产党中央文件选集》第一册（1921—1925），北京：中共中央党校出版社1982年版。

[2] 中央档案馆编：《中国共产党中央文件选集》第四册（1928），北京：中共中央党校出版社1983年版。

[3] 中共中央党史研究室第一研究部编：《共产国际、联共（布）与中国革命档案资料丛书》第1、2卷，北京：北京图书馆出版社1997年版。

[4] 中央档案馆编：《中国共产党第一次代表大会档案资料（增订本）》，北京：人民出版社1982年版。

[5] 中国共产党中央书记处：《六大以前》，北京：人民出版社1980年版。

[6] 中国共产党中央党史资料征集委员会编：《共产主义小组》（上、下），北京：中共党史资料出版社1987年版。

[7] 王健英编：《中国共产党组织史资料汇编》，北京：红旗出

版社1983年版。

[8] 蔡尚思等：《中国现代思想史资料简编》第1卷，杭州：浙江人民出版社1982年版。

[9] [匈] 贝拉·库恩编：《共产国际文件汇编》第二册，上海：三联书店1965年版。

报刊类

[1]《中国青年》（1923—1927）。

[2]《红旗》（1928—1930）。

[3]《〈新青年〉季刊》，北京：人民出版社1954年版，1918年7月—1926年7月。

文集书信类

[1]《马克思恩格斯选集》第1卷，北京：人民出版社1995年版。

[2]《列宁选集》第3卷，北京：人民出版社2012年版。

[3]《毛泽东选集》第1—4卷，北京：人民出版社1991年版。

[4] 张羽、姚维斗、雍桂良：《恽代英 来鸿去燕录》，北京：北京出版社1981年版。

[5] 张注洪、任武雄编：《恽代英文集》（上下卷），北京：人民出版社1984年版。

[6] 李良明编：《恽代英全集》（1—9卷），北京：人民出版社2014年版。

[7]《李大钊文集》（上册），北京：人民出版社1984年版。

[8]《陈独秀文章选编》上册，北京：生活·读书·新知三联书店1984年版。

[9]《周恩来选集》（上），北京：人民出版社1980年版。

[10]《瞿秋白选集》，北京：人民出版社1985年版。

[11]《蔡和森文集》，北京：人民出版社1980年版。

[12]《孙中山选集》，北京：人民出版社1981年版。

[13]《李达文集》第1卷，北京：人民出版社1980年版。

[14]《澎湃文集》，北京：人民出版社1981年版。

[15]《周恩来书信选集》，北京：中央文献出版社1988年版。

专题性资料汇编、日记、年谱、回忆录

[1] 中央档案馆、中国革命博物馆、中共中央党校出版社编：《恽代英日记》，北京：中共中央党校出版社1981年版。

[2] 张羽、万冈、刘凤珠、马志卿编：《回忆恽代英》，北京：人民出版社1982版。

[3] 李良明、钟德涛：《恽代英年谱》，武汉：华中师范大学出版社2006年版。

二、著作类

[1] 丁守和、殷叙彝：《从五四启蒙运动到马克思主义的传播》，上海：三联书店1963年版。

[2] 中共中央编译局编：《马克思恩格斯著作在中国的传播》，北京：人民出版社1983年版。

[3] 中共中央党史研究室：《中国共产党历史》第一卷（1921—1949）上册，北京：中共党史出版社2011年版。

[4] 梁怡、李向前：《国外中国党史研究述评》，北京：中共党史出版社2005年版。

[5] 李良明：《恽代英思想研究》，北京：人民出版社2012年版。

[6] 田子渝、任武雄、李良明：《恽代英传记》，武汉：湖北人民出版社1984年版。

[7] 庄福龄：《中国马克思主义哲学传播史》，北京：中国人民大学出版社1988年版。

[8] 唐宝林主编：《马克思主义在中国100年》（修订版），合肥：安徽人民出版社1998年版。

[9] 宋士昌、衣芳：《马克思主义中国化通论》，济南：山东人民出版社2010年版。

[10] 梅荣政：《马克思主义中国化史》，北京：中国社会科学出版社2010年版。

[11] 庄福龄、邱守娟：《马克思主义中国化研究》（第1卷），北京：《人民日报》出版社2009年版。

[12] 郭建宁：《马克思主义中国化前沿问题研究》，合肥：安徽人民出版社2012年版。

[13] 张雷声：《马克思主义基本原理的中国化与中国化的马克思主义基本原理》，北京：中国人民大学出版社2012年版。

[14] 刘德军：《马克思主义中国化的理论与实践》，济南：山东大学出版社2010年版。

[15] 陶德麟：《马克思主义哲学中国化的理论与历史研究》，北京：北京师范大学出版社2011年版。

[16] 郑永廷：《中国化马克思主义发展概论》，北京：中国人民大学出版社2007年版。

[17] 柳国庆：《马克思主义中国化历史经验研究》，杭州：浙江大学出版社2006年版。

[18] 邓剑秋：《马克思主义中国化思想》，北京：人民出版社2009年版。

[19] 田克勤：《中国化马克思主义概论》，北京：中国人民大学出版社2010年版。

[20] 石仲泉：《中国共产党与马克思主义中国化》，北京：中国人民大学出版社2011年版。

[21] 侯惠勤：《马克思主义中国化理论创新30年》，北京：中国社会科学出版社2009年版。

[22] 马克思主义中国化的历史进程和基本验经课题组：《马克思主义中国化研究——历史进程和基本经验》（上下册），北京：人民出版社2009年版。

[23] 田子渝、蔡丽、徐方平、李良明：《马克思主义在中国初期传播史（1918—1922）》，北京：学习出版社2012年版。

[24] 徐方平：《蔡和森与〈向导〉周报》，北京：中国社会科学出版社2006年版。

[25] 彭继红：《传播与选择：马克思主义中国化的历程（1899—1921年）》，长沙：湖南师范大学出版社2001年版。

[26] 王继停：《马克思主义中国化：早期进程与启示》，上海：上海社会科学院出版社2009年版。

[27] 王增智：《马克思主义中国化的早期探索》，北京：人民出版社2012年版。

[28] 宋镜明、吴向伟：《党的重要历史人物与早期马克思主义中国化》，北京：中国社会科学出版社2012年版。

[29] [美] M.迈斯纳：《李大钊与中国马克思主义的起源》（*Li Tac-hao and The origins of Chinese Marxism*），Cambridge Mass Harvard University Press, 1967。

[30] [美] 路克：《中国布尔什维主义的起源》（*The Origins of Chinese Bolshevism*），Hong Kong，1990。

[31] [美] 周策纵：《五四运动：现代中国的思想革命》，江苏：江苏人民出版社1996年版。

[32][日]石川祯浩:《中国共产党成立史》,日本:岩波书店2001年版。

[33][美]阿里夫·德里克:《革命与历史:中国马克思主义历史学的起源 1919—1937》,南京:江苏人民出版社 2005 年版。

[34][德]李博:《汉语中的马克思主义术语的起源与作用》,北京:中国社会科学出版社 2003 年版。

[35][韩]徐相文:《普罗米修斯的天火——革命俄国与中国共产党的崛起(1917—1923)》,白山书堂 2003 年版。

三、论文类

[1]李良明、李天华:《恽代英对马克思主义中国化的贡献》,载《江汉论坛》,2015 年第 3 期。

[2]汪信砚:《新世纪马克思主义中国化研究述评》,载《马克思主义研究》,2008 年第 3 期。

[3]王浩然:《1921—1935 年马克思主义中国化的基本特征》,载《湖北经济学院学报(社会科学版)》,2012 年第 1 期。

[4]孔朝霞:《马克思主义中国化的早期探索研究》,来自于中国知网博士论文期刊。

[5]姚锡长:《略论中国共产党创建时期马克思主义中国化研究的特点》,载《山西高等学校社会科学学报》,2007 年第 6 期。

[6]周良书:《从"问题与主义"之争到"理论与实践"之争:关于早期"马克思主义中国化"的思考》,载《科学社会主义》,2008 年第 3 期。

[7]王明生:《"问题与主义"之争与马克思主义中国化的萌芽》,载《南京师大学报(社科版)》,2008 年第 1 期。

[8]宋连胜、候建明、丁刚:《"社会主义论战"与早期马克思

主义中国化》，载《理论学刊》，2008年第6期。

[9] 贺金莲：《论早期马克思主义中国化的社会文化因素》，载《求索》，2007年第7期。

[10] 宋海琼：《建党初期马克思主义中国化曲折发展的理由》，载《沈阳师范大学学报》，2007年第1期。

[11] 丁俊萍、徐信华：《湖北党史人物对早期马克思主义大众化的贡献——以董必武、李汉俊、恽代英为例》，载《湖北社会科学》，2008年第2期。

[12] 李良明、李天华：《恽代英政治思想研究》，载《华中师范大学学报（人文社会科学版）》，2012年第5期。

[13] 钟德涛、张亮东：《恽代英研究在海外》，载《纪念恽代英诞辰110周年学术讨论会论文集》，武汉：华中师范大学出版社2006年版。

[14] 王小拥：《马克思主义中国化历史起点研究述评》，载《马克思主义研究》，2012年第6期。

[15] 田子渝、王华：《1921—1922年：中国共产党人对中国社会、革命认识的飞跃》，载《湖北大学学报（哲学社会科学版）》，2012年第4期。

[16] 杨爽：《恽代英马克思主义传播方法研究》，载《党史文苑》，2010年第7期。

[17] 马正平：《恽代英妇女思想研究》，载《甘肃理论学刊》，2012年第2期。

[18] 王冠中：《恽代英婚恋家庭观念研究》，载《首都师范大学学报（社会科学版）》，2009年第1期。

[19] 唐正芒：《毛泽东和恽代英农民问题思想比较研究——以〈国民革命与农民运动〉和〈国民革命与农民〉之比较为中心》，载

《纪念恽代英诞辰110周年学术讨论会论文集》，武汉：华中师范大学出版社2006年版。

[20] 刘洪英：《恽代英与毛泽东农民工作方法论思想比较》，载《纪念恽代英诞辰110周年学术讨论会论文集》，武汉：华中师范大学出版社2006年版。

[21] 徐晓林：《国民革命时期恽代英对农民问题的分析》，载《华中理工大学学报（社会科学版）》，1995年第4期。

[22] 徐方平：《论中国共产党早期报刊建设宣传及其经验教训》，载《中共党史研究》，2006年第5期。

[26] 徐方平、曾银慧：《中国共产党二大：马克思主义中国化的历史起点》，载《湖北大学学报（哲学社会科学版）》，2014年第2期。

[27] 王先俊、曹名臣：《党的创建时期马克思主义中国化的特点》，载《南都学坛》，2003年第3期。

后　记

对于初入史林的我而言，选择研究方向具有一定的偶然性。记得14前年，我刚进入中共党史专业硕士研究生阶段的学习，时值学界正开展纪念恽代英诞辰110周年学术研讨会，向全国范围征集纪念论文。无意间，恽代英成为我走进史林真正学习、研究中共党史人物的第一人。正是缘着这样的机遇，本人的处女作《恽代英的早期妇女观浅析》得以在《纪念恽代英诞辰110周年学术研讨会论文集》中面世，自此，开始了中共党史的探索之旅。

我在学习、工作之时，马克思主义中国化提升到了国家文化战略的层面，马克思主义中国化研究成了学界的热门话题。早期马克思主义中国化大致经历了两个阶段：马克思主义在中国的早期传播、马克思主义与中国革命初步结合，起止时间大致是1918年到遵义会议前。① 很有趣的是，此阶段与恽代英政治生涯完全融合。恽代英是我党早期著名的革命家、理论家、宣传家及青年领袖，早年是武

---

① 早期马克思主义中国化的起止时间，学界有不同的划分，笔者将1918年李大钊歌颂十月革命的文章为始，到遵义会议上毛泽东思想成为党的主流思想为止。

汉地区新文化运动的翘楚,是中共五大的中央委员,参加了北伐战争、八一南昌起义、广州起义,是党团重要刊物《中国青年》、《红旗》的主编,一生留下 300 万字的著述,为把马克思列宁主义与中国革命相结合做出了重要贡献,因此研究马克思主义中国化的历程,恽代英是无论如何都无法绕开的一个历史人物。这就决定了恽代英在我国马克思主义早期传播史上的重要地位。因此,笔者决定通过恽代英这把钥匙,步入早期马克思主义中国化研究之门。这也是我作此书的根本原因。

在本书即将付梓之时,由党史专家田子渝教授领衔,笔者参编的近 300 万字的资料性图书《马克思主义在中国早期传播史料长编(1917—1927)》(上中下卷)迎来了新生,这令我激动不已,欣喜万分。这部图书凝聚着田老师领队的集体几十年的心血,我把本书当成利用《史料长编》的第一个成果,一路向马克思主义传播史的道路高歌行进。

值本书付梓之际,首要感谢的是恩师田子渝教授。田先生是引我入马克思主义传播史大门的第一人,落笔到此,恩师近 20 载的教育往昔历历在目,老师与已在天堂的师母见证了我从一个青葱少年成长为成熟青年的每一步。"一日为师终生为父",于我而言,老师更是一位老慈父,砥砺着我前进,督促我清清白白做人,认认真真做学问。

感谢导师徐方平教授。论文从提纲到行文的每一阶段都倾注了老师的心血,他的敬业品质、专注态度以及尊重历史的治史精神都令学生敬佩。在老师的引领下,我一点一滴地发掘史料,与鲜活的历史亲密接触,让我体验到了前所未有的徜徉在史海中的幸福与甜蜜。

后 记

感谢中共中央编译局。2015年8月我来到中央编译局从事博士后研究工作。中央编译局有许多我国马克思主义理论研究的一流专家,珍藏了大量民国时期的马克思主义早期传播的文本,有幸在这个环境中从事研究,如鱼得水。

感谢汪信砚教授、李良明教授、郭大俊教授、贺祥林教授、钟德涛教授、熊友华教授、黄家猛副教授,他们在我求学的路上都给予了无私帮助,对本书的撰写及修改提出了宝贵而又中肯的意见。

当然,还要感谢我的亲人。感谢我的父母、公婆,他们任劳任怨,总在我需要的时候不离不弃的默默支持,谢谢他们给了我温暖的大后方,让我没有负担的从事教学科研。感谢我的爱人朱伟,作为心灵伴侣,每一次的创作灵感总是第一个跟他分享,从他那里吸收鼓舞的力量;每一次的挫折、沮丧总是第一个跟他倾诉,从他那里感受慰藉的力量。他们是我内心强大的源泉!

在此之际,特别感谢中央编译出版社及其编辑李媛媛女士。初见李女士,她热情的话语、果敢的执行力和仗义的情怀使我如沐春风,令我温暖。

最后,本书的出版得到了中国博士后基金项目的资助,在此表示衷心的感谢。

曾银慧

2017年4月

图书在版编目（CIP）数据

恽代英对早期马克思主义中国化的理论贡献 / 曾银慧著. 北京：中央编译出版社，2017.5

ISBN 978-7-5117-3309-2

Ⅰ.①恽… Ⅱ.①曾… Ⅲ.①恽代英（1895-1931）-马克思主义哲学-传播-研究 ②马克思主义-发展-研究-中国

Ⅳ.①B27 ②D61

中国版本图书馆 CIP 数据核字（2017）第 083224 号

恽代英对早期马克思主义中国化的理论贡献

出 版 人：葛海彦
出版统筹：贾宇琰
责任编辑：李媛媛
责任印制：尹 珺
出版发行：中央编译出版社
地　　址：北京西城区车公庄大街乙 5 号鸿儒大厦 B 座（100044）
电　　话：（010）52612345（总编室）　　（010）52612335（编辑室）
　　　　　（010）52612316（发行部）　　（010）52612346（馆配部）
传　　真：（010）66515838
经　　销：全国新华书店
印　　刷：河北下花园光华印刷有限责任公司
开　　本：787 毫米×1092 毫米　1/16
字　　数：168 千字
印　　张：13.5
版　　次：2017 年 5 月第 1 版
印　　次：2017 年 5 月第 1 次印刷
定　　价：54.00 元

网　　址：www.cctphome.com　　邮　　箱：cctp@cctphome.com
新浪微博：@中央编译出版社　　微　　信：中央编译出版社（ID：cctphome）
淘宝店铺：中央编译出版社直销店（http：//shop108367160.taobao.com）　　（010）55626985

本社常年法律顾问#北京市吴栾赵阎律师事务所律师　闫军　梁勤
凡有印装质量问题，本社负责调换。电话：（010）55626985